Colección **Sociología** del **trabajo**

dirigida por **Juan José Castillo**

Diseño: Gerardo Miño
Composición: Laura Bono

Edición: Primera. Diciembre de 2012

Tirada: 500 ejemplares

ISBN: 978-84-15295-23-5

Lugar de edición: Buenos Aires, Argentina

e-mail producción: produccion@minoydavila.com
e-mail administración: info@minoydavila.com
web: www.minoydavila.com

Clásicos y modernos en Sociología del Trabajo

Juan José Castillo (editor)

Índice

Clásicos y modernos en Sociología del Trabajo

Presentación

Juan José Castillo

Este es un libro de incitación a la lectura de la mejor herencia de la sociología. Su mejor legado. A estos autores los llamamos clásicos, y se les mira muchas veces, no como Italo Calvino nos recomendaba en *Por qué leer a los clásicos*, sino como si fueran algo lejano. Algo herrumbroso, algo ajeno y difícil de hacer encajar con nuestras preocupaciones actuales. En el perpetuo acto de luchar con la dificultad de interpretar la realidad. Con nuestro diario quehacer en el trabajo del sociólogo. O de la socióloga.

A través de los textos de autores tan lejanos como Alfred Marshall, y más aún Charles Babbage, lo que queremos transmitir a las y los jóvenes estudiantes de hoy en día es la saludable inyección de *modernidad* que encontramos cuando leemos con nuestros problemas actuales, a tantos clásicos olvidados. Los cuales no suelen formar parte de los autores que se proponen a quien se quiere constituir como sociólogo o socióloga.

Y, desde luego, los autores y la autora que aquí proponemos no son más que una minúscula cata de la gran cantidad de otros trabajos semejantes que están en el acervo de nuestra disciplina. Y de las ciencias sociales del trabajo entendidas como una plataforma de saberes.

Una buena parte de los textos e introducciones que recogemos aquí se publicaron previamente en la revista *Sociología del Trabajo*. De hecho han sido una de las líneas estratégicas de esa revista, preocupada por aplicar, en su despliegue y desarrollo, algunos criterios que nos son muy queridos: mantener una orientación sociológica que no excluye, sino que integra disciplinas que se unen por su enfoque, por la relevancia dada a lo social. Que hace un lugar especial a la historia en la explicación y contraste de los problemas sociales actuales y a las perspectivas sociológicas con las que los enfrentamos. Y en esa misma vena de orientaciones está desde luego esta permanente búsqueda hacia lo que hemos llamado "clásicos contemporáneos", en una sección especializada de dicha revista.

La denominación es una generalidad. La encontramos en muchos lugares: colecciones de libros, revistas, etc. Pero, en nuestro caso, hemos mirado, sobre todo, hacia lo que intentamos concentrar en el título de este libro: "clásicos y modernos". Miramos entonces hacia el hecho de que muchos de estos clásicos, aparentemente lejanos, son totalmente contemporáneos en la manera de plantear tantos problemas teóricos de análisis (esto no es novedad: nuestros clásicos de repertorio, Marx, Durkheim, Weber, Merton… siempre nos han ayudado en esa dirección). Pero también, en un terreno en el que más raramente se nos ha destacado a clásicos, como han hecho frente a la resolución y ejecución de trabajos de campo que sean coherentes con un esquema teórico de interpretación. Clásicos como Beatrice Webb, a la sazón, por su nombre de soltera Potter, que creó las bases y los fundamentos de la investigación sociológica en el Reino Unido en el tránsito del siglo XIX al XX. Experimentando, desde luego, en el sentido literal, con la técnica de la observación participante. Un ejemplo menor el que traemos aquí, de tantos y tantos de los que de ella podemos hoy aprender.

Para nosotros, como sociólogos, muchas de estas lecturas y búsquedas de autores, que se suelen citar, pero no leer, han sido trascendentales. No sólo en la propia formación, como recogemos en el primer artículo que sirve de presentación del texto de Marshall de 1873. También se juega una justa puesta en lugar del papel de las mujeres en la creación de la sociología y otras ciencias sociales. Pero, asimismo, han sido fundamentales estas lecturas y reflexiones en la manera de plantear las investigaciones más actuales. Obras como *Vida y trabajo de los obreros de Londres*, nos han enseñado la humildad de encontrarnos con que lo que creíamos invento de hace unos años, había sido ensayado y, lo que es más importante, realizado hace más de cien años. Y con aquellos medios, y con aquella tan escasa experiencia acumulada.

Este es un ramillete de textos y aportaciones muy diversas, y en muy distintos aspectos del oficio completo del sociólogo. No tienen pretensión de completitud, sino de muestrario de lo que puede aprenderse volviendo a leer sistemáticamente algunas, o muchas, de las obras y autores y autoras que han creado la herencia y el patrimonio de la sociología. No descubrimos nada, tan sólo constatamos que, así como en otros países se han creado colecciones, ediciones especialmente dedicadas a una autora, a una escuela, a una orientación o problema, en el nuestro, salvo alguna orientación minoritaria, esa no es la regla.

A contribuir a su difusión, y a incorporarlos en la formación de los sociólogos y las sociólogas, que hoy son el futuro de nuestra profesión, están dedicadas estas páginas.

San Lorenzo de El Escorial y Somosaguas, Madrid, diciembre 2011.

Introducción a los Clásicos...
Alfred Marshall

1/ Seguir a los Clásicos, un taller oculto en la formación de sociólogos y sociólogas[1]

Juan José Castillo

Como ejercicio reflexivo sobre la *trastienda* de la formación sociológica, y con el ejemplo de la reconstrucción parcial de un itinerario intelectual, trato de identificar algunas formas y recursos científicos utilizados, a lo largo de los años, en un permanente ir y volver a los clásicos de las ciencias sociales. En ese recorrido, esa reflexión identifica algunas lecciones que pueden servir para defender un estilo de formación para quien se inicie, o persevere, en el oficio de sociólogo. Siendo sus bases fundamentales el recurso permanente a cuestionar, identificar y vivificar las aportaciones de los (y las) que hemos llamado clásicos de las ciencias sociales. Autores como Charles Babbage, John Stuart Mill, Harriet Taylor, Alfred Marshall, Mary Paley, Satanley Jevons, Sidney y Beatrice Webb, Adolfo Posada, Emilia Pardo Bazán, entre otros, desfilan por este texto, sin respetar los límites de las demarcaciones disciplinarias actuales. A la búsqueda de una más cabal interpretación del complejo mundo en que vivimos. Y perfilando, también, una reivindicación del papel de las mujeres en la creación y consolidación de la tradición clásica en sociología.

Introducción: historia de una pasión

Este capítulo es una suerte de *making of*, una recomposición del itinerario que, a lo largo de los últimos veinte años, ha jalonado una evolución intelectual, en una parte orientada por la preparación, siempre aplazada, de una edición crítica de la obra de un adelantado de las ciencias sociales del trabajo, y en tantos otros campos de investigación, considerado un

---

1 Publicado en *Política y Sociedad*, 2009, vol. 46, n. 3, pp. 77-90.

pionero del ordenador. Se trata de Charles Babbage y la obra, que se editó en 1832, *On the economy of machines and manufactures*. La traducción española de José Diez Imbrechts adoptó el título *Tratado de mecánica práctica y economía política*[2].

A lo largo de este itinerario, que posiblemente comienza con la lectura de *El Capital*, se pueden identificar algunas lecciones, reflexionando sobre la propia práctica del oficio del sociólogo, que pueden servir para proponer una estrategia de enseñanza y reflexión, desmontando a los clásicos para la instrucción universitaria de la sociología y, más genéricamente hablando, de las ciencias sociales.

Uno no es consciente de cómo comienza una pasión científica. Y aún menos de los meandros que recorrería el río que puede llegar a constituir, y los afluentes que lo alimentarían. Sin embargo, ese es el ejercicio, reflexivo, desde luego, que voy a intentar en este texto. Persiguiendo y analizando mi pasión, por un conjunto de autores que han marcado notablemente tanto mi orientación y producción científica como las líneas maestras de mi "estilo de pensamiento".

Posiblemente todo empezó con Marx, como decía. Persiguiendo, desmontando, su castillo de referencias, de citas, de estudios, de sugerencias. En el intento de averiguar, por la vía de la consulta directa, quiénes eran esa plétora de autores, de contemporáneos suyos muchas veces, que fundamentaban sus argumentos. Las grandes bibliotecas consultadas, las estancias de investigación, la recuperación personal de textos clásicos fueron algunas de mis ocupaciones en estos años, junto al trabajo de enseñanza e investigación. Así recorrí la British Library y el British Museum en Londres; la Bodleian Library en Oxford; la Bibliothèque Nationale en París; y, por supuesto, nuestra Biblioteca Nacional en Madrid. Las Bibliotecas de Turín, donde no fue la menor fuente de documentación y consulta la Fondazione Einaudi, que acumula una de las más importantes colecciones de textos clásicos. La University Research Library de UCLA, en Los Ángeles, con reproducciones microfilmadas de casi todas las ediciones de las obras de Babbage, por ejemplo… *Et ainsi de suite.*

Perseguir las referencias y los autores tiene, claro está, un coste elevado en tiempo y dedicación. Máxime cuando, como era el caso en el tiempo en que comencé a seguir esas referencias, las dificultades de acceso eran notables. Hoy, creo, todo sería posiblemente más fácil de llevar a cabo.

Pero puede ser considerada una primera lección para transmitir a los estudiantes, a quienes se inician en la sociología: ir siempre a las fuentes,

---

2   Véanse las referencias: Babbage, 1832, 1835.

fomentar la curiosidad, el releer lo cien veces citado, y muchas veces mal leído, si es que fue leído. La importancia de volver a los clásicos sin barnices que los oscurecen y deforman. Contrastar lo que un autor dice que dice otro, y su verdadera estrategia de argumentación.

De esa práctica sostenida, de anotar autores, referencias, datos y fuentes mencionados al pasar, de ahí viene mi ya vieja pasión por un autor, Charles Babbage, que es un pilar de referencia fundamental en el análisis de la división del trabajo, desde Marx hasta el presente[3].

Junto a la obra de Babbage, y partiendo de Marx, fui identificando el contexto de la producción científica en la Inglaterra del siglo XIX. Para poder evaluar su aportación me enfrenté a un conjunto de trabajos e investigaciones que consulté, leí y perseguí allí donde estuviera: en Turín, en París, en Los Ángeles… Un clásico me llevó a otros muchos y a una consideración nueva sobre el trabajo científico en ese preciso momento histórico: no hay genios individuales –aunque algunos lo sean–, sino colectivos de pensamiento. El conjunto de estudios e investigaciones, muchos de ellos citados por Marx, y otros ignorados, pero presentes en su argumentación, forman un *corpus* de una consistencia verdaderamente notable. Esta quizá es una segunda lección, muchas veces olvidada.

Tercera lección: esta estrategia para abordar y entender a un autor, o a un conjunto de autores, a una comunidad de pensamiento, es extraordinariamente rica para que fructifiquen nuevas orientaciones y enriquecimientos en el abordaje de la realidad social y de su interpretación. Espero mostrarlo con algunos ejemplos de las 'consecuencias no queridas' (aunque muy bienvenidas…) de buscar las influencias de un autor, Babbage para el caso, en otros autores y en la corriente principal de las ciencias sociales. En especial, creo tener muy claro hoy el hecho de que esta forma de abordaje está en el origen de mi búsqueda o de mi encuentro con el papel de las mujeres en la historia de las ciencias sociales.

La primera, Ada Lovelace, en relación directa y con una influencia considerable en Babbage[4]. Después, cuando quise seguir la eventual influencia de Babbage en la economía política del siglo XIX, trabajando

---

3   Véanse las páginas que le dedican Fröbel *et all.*, 1980, pp. 42-54, 137-140, 187-188, donde Babbage es un recurso fundamental en su argumentación sobre la, entonces, "nueva división internacional del trabajo". Para una constatación "muestral" de la actualidad del pensamiento y las aportaciones de Charles Babbage, baste con indicar algunas referencias del más alto nivel en campos tan distintos como la historia de la organización, del *operations management*, Lewis, 2007; la explicación por modelos mecánicos del funcionamiento de la mente, Cook, 2005; la mecanización de las matemáticas, Belanger y Stein, 2005, etc.

4   Véase Fuegi y Francis, 2003.

muy de cerca a los autores que me parecieron fundamentales, especialmente John Stuart Mill, Alfred Marshall, o William Stanley Jevons, por ejemplo, las mujeres, Harriet Taylor y Mary Paley, especialmente, me hicieron descubrir un mundo nuevo: lo mejor de las aportaciones de algunos de los que se fueron convirtiendo en parte de mi pasión, en términos de investigación, o de preocupación por "el futuro de la clase trabajadora", era obra suya. No inspiración, sino obra suya. Es más, este papel de las mujeres, y muy especialmente en el caso de Mill, me abrió nuevos panoramas sobre el trabajo en común, sobre la creación compartida. Claro está que para ello, para profundizar en ese terreno, había necesariamente que conocer muy de cerca y de primera mano esa creación intelectual y, junto a ella, esa relación personal, esas vivencias. Dicho ahora sumariamente, había que seguir el día a día, el contexto social, político, personal e intelectual de los autores para explicar, mejor, sus aportaciones o, en su caso, sus limitaciones.

Ni que decir tiene que en esa búsqueda, las ideas hechas, los estereotipos establecidos en las ciencias sociales saltaban por los aires a cada gran paso. No se podía encasillar a un "economista" en los moldes que, hoy, lo separan, como si existiera un abismo, de un "sociólogo", pongamos por caso. Así, en mi primera aproximación publicada a la obra de Charles Babbage, como homenaje y recuerdo a Luis Rodríguez Zúñiga, en 1993, incluí un epígrafe titulado "Cuando los economistas eran sociólogos. O viceversa". Esta era la impresión que tenía en aquellos momentos tras una atenta lectura de la obra de Alfred Marshall, y tras conocer su estilo de trabajo, su forma de escritura y la mayoría de su obra publicada[5].

Pertrechado con esas adquisiciones, que ya formaban parte de mi *manera de mirar* en sociología, comenzó una nueva etapa en esa perenne búsqueda de los clásicos, para, finalmente, aprender de ellos muchas de las que creíamos eran nuevas aportaciones, tanto metodológicas como teóricas. Aprendiendo, en suma, a trabajar de una forma más modesta y, desde luego, casi sin ser consciente de ello, más reflexiva, más atenta a la consideración de las condiciones de "producción" de los textos, de las interferencias con el objeto de estudio de la propia posición del investigador.

Aquí podríamos decir que la lección magistral ha venido del estudio de la obra de Beatrice Webb, Potter de soltera. A través suyo, muchas de las lecturas y profundizaciones que se originaron en Babbage, tomaron un cuerpo nuevo y más consistente. Su aporte me llevó a una reconsideración global, es decir, incluyente, de la historia y reconstrucción de la sociología británica. Partiendo de "la gran pareja", como acabó deno-

---

5   Véase Castillo, 1993.

minándose a los Webb, Sidney y Beatrice, de sus relaciones científicas y personales, de la identificación del papel que a cada uno le correspondía en esa gigantesca obra común que ha marcado a la sociología británica del siglo XX, me topé con Herbert Spencer, su mentor. O, para indicar otro jalón histórico, en esa búsqueda e investigación me encontré y estudié en detalle la inmensa obra sociológica de fines del siglo XIX y principios del XX, los diecisiete volúmenes de Charles Booth, *Life and labour of the people of London*, así como trabajos de otros muchos investigadores.

Cuando presenté en público los primeros resultados sobre los Webb, que debo decir se centraban especialmente en Beatrice, dediqué aquella conferencia y luego el texto, pronto publicado, a mis estudiantes de entonces, y muy en especial a quienes constituían mi equipo de investigación, mis discípulos más próximos, aquellos a los que creía y creo haber transmitido un estilo y una pasión por la investigación[6].

Y, desde luego, en los diarios de Beatrice Webb encontré mucho de lo que era necesario para explicar la gestación de una obra, las dudas, los avances, la difícil construcción de una explicación científica. Por eso la he seguido poniendo como ejemplo y *ejemplar* para la formación de jóvenes sociólogos y sociólogas.

Ellos mismos, los esposos Webb, eran muy conscientes de la necesidad de reflexión sobre la práctica para avanzar en el estudio de lo social. Por eso publicaron un libro de métodos, que recogía su experiencia, en 1932, tras haber, frecuentemente, escrito y publicado sobre sus trabajos, tanto de investigación como de reflexión teórica. Donde, además, podían incluir un ejemplo que mostraba los pasos en falso que pudieron dar con una estrategia de investigación determinada. En ese caso, con el uso de un cuestionario. Por eso valen tanto sus notas, que nosotros llamaríamos pomposamente "metodológicas", en una de sus grandes obras: *Industrial Democracy* (*La Democracia Industrial*), que finalmente editamos hace unos años, más de un siglo después de su publicación original[7].

El texto que sigue es, también, y quizá habría que decir sobre todo, un recorrido selectivo por lecturas y autores que me abrieron nuevos horizontes, al mismo tiempo que los descubría: ya fuera en relación con la propia constitución de las ciencias sociales, como en el caso de los trabajos, leídos por primera vez en 1992, sobre la constitución de la ciencia económica en Adam Smith, debidos a la reflexión en ciernes

---

6   Véase Castillo, 1998 y 2001.

7   Véase Webb, 2004, pero 1898.

entonces de Andrés Bilbao[8]. O las intensas correspondencias e influencias, para bien y luego para mal, entre Auguste Comte y John Stuart Mill, que tanto sirven en una reflexión sensata en la eterna (y ya aburrida) argumentación sobre la interdisciplinariedad hoy en día. A mediados del siglo XIX no hacia falta ese recurso para que el pensamiento, en las ciencias sociales, encontrara lugares y asuntos comunes de reflexión. Antes de que las vallas y cercas académicas y corporativas dieran pié al eterno lamento sobre la interdisciplinariedad perdida[9]. O la lectura, totalmente novedosa para mí, en relación con la (mala y esquemática) formación clásica que recibí, de la obra de Herbert Spencer, el "evolucionista" de los manuales, que adquiría significados y aportaciones insospechadas al descubrirlo como mentor de Beatrice Potter, a quien nombró su albacea testamentaria intelectual, y del que leí trabajos de una lucidez y penetración, como inspirador de mis preocupaciones intelectuales, realmente novedosas. Y al que volví a encontrar luego como uno de los pensadores que inspiraron a Marshall su "teoría" de los distritos industriales.

En suma, en ese camino, y por esa búsqueda de los clásicos y de sus fuentes de inspiración, de su método de investigación, de sus posibles influencias, de su taller oculto de reflexión, he leído, es cierto, a autores y obras que no formaban parte de lo que debía ser el discurrir ortodoxo de un sociólogo. Ni siquiera de un historiador, oficio en el que me formé en París bajo la tutela de Pierre Vilar[10].

En ese camino, largo, perseverante, cuyo sentido creo hoy ser capaz de identificar, yacen explicaciones que uno puede aplicar a la enseñanza de la sociología, a la transmisión de unos saberes que han recorrido caminos de ida y vuelta. Por ello he creído que puede ser útil una reflexión pública y publicada. A ello va destinado este esfuerzo de identificar cuál ha sido, al menos en parte, mi particular *trastienda* de investigación, mi estilo de pensamiento. O mi perfil epistemológico, para decirlo como Gaston Bachelard. Qué papel ha jugado en él, el permanente recurso a los clásicos.

Para poder transmitir esa pasión, vale la pena el esfuerzo de identificarla. Y eso, naturalmente, tiene que tomar un cierto aire de ser un autobiógrafo, muy a mi pesar[11].

---

8   Aún conservo *papers* originales de Andrés Bilbao, de esas fechas, que más tarde dieron lugar a una producción mucho más elaborada y, desde luego, innovadora, publicada con posterioridad. Véase Bilbao, 1992.

9   Véase mi trabajo "El paradigma perdido de la interdisciplinariedad: volver a los clásicos y al terreno", publicado en el libro *A la búsqueda del trabajo perdido*, 1998.

10   Véase, Castillo, 1979.

11   Véase el texto de Jean-Philippe Bouilloud, "Le chercheur un autobiographe malgrè lui", incluido en De Gaulejac, 2007, pp. 75-89.

El "principio"

Una de las principales aportaciones de Charles Babbage, que le distingue nítidamente de sus contemporáneos en el estudio de las empresas y los sistemas productivos, y especialmente en cuanto a lo que él llamó la "economía interior" de una empresa, su organización, fue sin duda lo que ha dado en denominarse "el principio de Babbage"[12].

Como recogimos ya en un trabajo publicado al principio de la trayectoria que analizamos en este texto[13], en *On the economy of machines and manufactures*, Babbage dedicaba dos capítulos, por demás importante e innovador para la época, a la división del trabajo. Uno sobre la división del trabajo manual, y otro sobre la división del trabajo mental o intelectual. Permítasenos recordar el tenor literal del hoy ya famoso "principio" tomándolo de la edición española de 1835:

> ...aunque sean estas causas [las enumeradas por Adam Smith] de grande importancia, y de las cuales cada una tiene su influjo respectivo sobre el resultado, creo sin embargo, que sería imperfecta la explicación del enlace que existe entre la economía de los productos manufacturados y la división del trabajo si se omitiera el principio siguiente. Al dividir la obra en distintas operaciones, de las cuales cada una requiere distintos grados de habilidad y fuerza, el patrón director de la fábrica puede adquirir exactamente la cantidad precisa de fuerza y habilidad para cada operación, en tanto que si la obra total hubiese de ser ejecutada por un solo artífice, este necesitaría indispensablemente reunir a un propio tiempo bastante habilidad para ejecutar las más delicadas operaciones y bastante fuerza para realizar las más penosas[14].

Sin minusvalorar otro conjunto de ideas que han cruzado la historia entera de la organización del trabajo, nuestro punto de partida para analizar la eventual repercusión de la contribución de Babbage a la evolución de las ciencias del trabajo en el siglo XX, partía de perseguir este principio y la discusión sustantiva que lo sostenía, en la economía política y en las distintas contribuciones desde ciencias afines, algunas nacientes[15]. Luego,

---

12 Puede verse, como punto de consolidación de este argumento, la obra ya clásica de Harry Braverman, *Labor and monopoly capital*, 1974, en cuyo capítulo 3, "The division of labor", pasa revista a las clásicas aportaciones de Adam Smith, William Petty, etc., para detenerse en el que se llamará "principio de Babbage", el cual Braverman considera que "might even be called the general law of the capitalist production", p. 83.

13 Véase Castillo, 1993.

14 Babbage, 1835, pp. 159-160.

15 Para una presentación sumaria de las distintas aportaciones, y su evolución en la literatura, principalmente, de la economía política, puede verse, por ahora, nuestro texto citado de 1993. Una evaluación más detallada y sostenida se incluye en el estudio introductorio

en una segunda etapa, se trata de averiguar la "razón" de la publicación en España, la difusión de la economía política, las traducciones y su aplicación en la formación de los economistas españoles. Todo un programa de análisis de difusión de paradigmas científicos y, más allá de ellos, de su eventual influencia sobre aspectos clave de la sociedad española[16].

Eso es lo que buscaba, desde luego. Pero, por el camino me fui encontrando con muchas otras cosas, que es, como dije desde el principio, lo que aquí quiero mostrar, como argumento a favor de ese *perderse* por los clásicos para continuar, siempre, aprendiendo de ellos. Leí a y sobre muchos autores porque el objeto de estudio lo pedía: autores clásicos de referencia; autores clásicos que parecían haber contribuido a las ideas de Babbage, o discutido con él, como es el caso de Gioia. De todos ellos he abierto dos apartados para una reflexión más detenida. Un tercer epígrafe debiera estar dedicado a la culminación de ese viaje, que llega a Sidney y Beatrice Webb, después de pasar por Robert Owen, con quien enlaza Beatrice Potter en la presentación de su primer libro, *El movimiento cooperativo en Gran* Bretaña, de 1891, si no fuera porque en los distintos trabajos que he publicado recientemente creo haber desplegado un argumento semejante al indicado aquí. Por ello parece suficiente el remitir a esos trabajos, especialmente al que culmina con la edición crítica de *La democracia industrial*, como fue señalado con más detalle en la introducción de este artículo[17].

Con John Stuart Mill y Harriet Taylor

En mi carpeta de notas relacionadas con Charles Babbage hay sub-carpetas que casi igualan las dedicadas al "genio irascible" que tan bien convirtió en personaje de sus narraciones Charles Dickens. Desde luego, una de ellas es la que alberga notas, trabajos, referencias y libros, en estan-

---

a la edición crítica del *Tratado de mecánica práctica y economía política* de 1835, que estamos preparando en la actualidad.

16 Del primer intento se da cuenta sumaria en nuestro texto de 1993. Pero, aquel texto, que fue una publicación urgida por el homenaje a un querido colega, se escribió todavía con decenas de notas sin transcribir, con fichas del Archivo Histórico Nacional por interpretar sobre el editor y el traductor español. Al día de hoy nos ha sido posible establecer una elaboración más fundamentada, que se incluirá en la edición crítica mencionada en la nota anterior.

17 Véase Potter, 1987, pero 1891. Y las referencias dedicadas a los Webb. Hemos aplazado, por considerar mejor lugar su ubicación en la edición crítica del *Tratado* de Babbage, el análisis de los caminos a los que nos llevó el viaje de los libros: una sociología de la transferencia de saberes y la personalidad del traductor, que resultó ser una vía para aprender sobre ediciones críticas, sobre economía política en España, sobre las condiciones políticas de la emigración intelectual.

tería aparte, de John Stuart Mill y, consecuentemente, de otros autores a él estrechamente vinculados.

Comencé una lectura sistemática, yendo a las ediciones originales y anotadas más solventes, en la Fondazione Einaudi de Turín, gracias al apoyo de Arnaldo Bagnasco, allá por 1987. Y pronto pude documentar no sólo la gran influencia y la cuidadosa lectura de la obra de Babbage por Mill[18]. También llegué a la conclusión de conjunto de que: en la que sería por años la obra de referencia más influyente en la economía política, *Los principios de economía política*, cuya primera edición es de 1848, teníamos prácticamente *incrustada* aquella obra pionera para nosotros de Babbage, al que nos apresuramos a considerar como el primer sociólogo del trabajo en sentido fuerte en la historia de la disciplina[19].

Pero pronto fueron otros aspectos los que llamaron nuestra atención. El primero de ellos, leyendo la *Autobiografía*, y los excelentes estudios publicados sobre su evolución intelectual (utilizando su correspondencia, escritos no publicados, como el primer borrador de la *Autobiografía*, que se pudo conocer con posterioridad), fue el tener acceso, relativo, claro está, a la propia "fabricación" de una obra. Y no sólo en el sentido de conocer cómo se elaboró, paso a paso, el famoso capítulo de *Los principios* sobre el destino probable de la clase obrera. Capítulo escrito, como es sabido, en colaboración y discusión permanente con Harriet Taylor, la que terminaría siendo su mujer, y que fue desde muy temprano su inspiración y fuente de debate e iluminación. Digo, no sólo de una obra o pieza concreta, sino de la propia perspectiva de creación e interés intelectual que orientó prácticamente los años que van de 1848 hasta su muerte en 1873[20].

Y dentro de ese aprendizaje, lo que resultó para mí, y para mi evolución intelectual, una aportación que me ha abierto muchas ventanas –para la comprensión tanto de la creación intelectual, como de la aportación

---

18 Baste con remitir a las innumerables referencias y citas en extenso de Babbage contenidas en *Los principios*... Mill, *Principles*, p. 1098. Pueden consultarse especialmente, los capítulos 8, del libro I, y 7, del libro IV. Y el estudio clásico de Romano, 1982, p. 394, nota.

19 A partir de esta afirmación se entenderá que, cuando en 1993 fundamos un Seminario de Investigación con doctorandos y discípulos en formación que venían participando en proyectos de investigación que realizamos para la hoy Unión Europea, lo llamáramos Charles Babbage. Hoy es el Grupo de Investigación consolidado y ubicado entre los más valorados de la Universidad Complutense, y sigue ostentando el mismo nombre. Véase, www.ucm.es/info/charlesb/.

20 De toda la bibliografía consultada sobre estos aspectos estoy en deuda especial con Alice S. Rossi, quien utilizó las fuentes originales y reeditadas disponibles, con un aliento enormemente esclarecedor, en su estudio introductorio a Mill y Taylor, 1970, pp. 1-63: "Sentiment and intellect: the story of John Stuart Mill and Harriet Taylor Mill". Véase, por supuesto, Mill, *Autobiografía*, edición de 1986 de Carlos Mellizo. El texto se terminó de escribir poco antes de su muerte, y conoció una primera accidentada publicación en 1873.

de las mujeres a, entre otras muchas cosas, la creación científica– fue la relación y el trabajo conjunto con Harriet Taylor, que tanto peso acabará teniendo en toda la orientación intelectual de Mill. Y no sólo eso, aunque el debate siga abierto sobre el papel preponderante de Harriet en la creación intelectual de Mill, mi propio convencimiento, tras tantas lecturas, y sobre todo con la experiencia posterior adquirida en la frecuentación de "grandes parejas", es que, efectivamente, Harriet Taylor influyó de manera muy sustantiva en la orientación y en las preocupaciones de este autor. Por no decir, llanamente, que en efecto buena parte de su producción científica sólo puede entenderse como común[21].

También en el caso de Mill tenemos una excelente ocasión de verificar qué hay de sociológico, o en términos de época, de economía política, o de filosofía social, en sus escritos. Y ello a través de la relación epistolar sostenida con Auguste Comte: la correspondencia y el desinterés mutuo posterior, que nos recuerdan, cuando a finales del siglo XIX la sociología "oficial" nace, precisamente, como un crisol de saberes y conocimientos.

Pero donde mejor puede apreciarse esta "universalidad disciplinaria", y su influencia en la realidad social, es en el influjo que tuvieron en España sus obras, y muy especialmente *La esclavitud femenina*, que se publicó, en 1867, bajo el título *The subjection of women*, tras la muerte de su mujer. Apareció firmada por Mill pero, como él mismo afirma, su "fondo común de pensamiento" viene del trabajo y la reflexión común con Harriet Taylor acumulado a lo largo de muchos años.

Mill escribe, resueltamente, en ese texto:

> ¿Quién es capaz de contar las ideas originales que, dadas a luz por escritores del sexo masculino, pertenecen realmente a una mujer que se las sugirió, sin que el hombre les preste más que el engarce? Si yo hablara por experiencia propia, diría que el caso es frecuentísimo[22].

La esclavitud..., que apareció también como *La dominación de la mujer*, conoció en España una difusión extraordinaria desde finales del siglo XIX, especialmente gracias a la difusión, traducción y publicación

---

21 Véanse los argumentos de Alice S. Rossi en su texto citado en nota anterior, pp. 39-40, donde muestra que la correspondencia entre Mill y Taylor prueba claramente el trabajo común y las revisiones y redacciones, durante semanas, por ejemplo, en *Los principios* y el famoso capítulo sobre "El probable futuro de las clases trabajadoras". En este mismo texto mencionaré algunas otras grandes parejas, con resultados en la atribución científica más y menos equilibrados. Pero valga decir que la historia de la ciencia y de la cultura nos revela cada poco tiempo un caso nuevo, siempre discutido y puesto en cuestión por quienes siguen mirando al pasado con ojos de hombre. Piénsese en María Lejarraga, por sólo mentar una literata española sin literatura...

22 Mill, *La esclavitud...*, pp. 428-429, de la edición de Pablo Lucás Verdú, 1965.

de ensayos de Emilia Pardo Bazán, que la publicó, con un prólogo, en 1892. La reproducción, publicación, reimpresión y difusión de este texto ha llegado hasta hoy mismo. No siempre con el cuidado y la anotación crítica que merecería, pero ello no obsta para constatar que la obra de John Stuart Mill, y con ella la de Harriet Taylor, sigue siendo material de reflexión, discusión y debate hoy en día.

Cuando Emilia Pardo Bazán publica en su *Nuevo Teatro Crítico*, en mayo de 1892, su prólogo a *La esclavitud femenina*, abrió un debate en el que participarían figuras señeras de nuestra tradición sociológica, muy especialmente Adolfo Posada, introduciendo en la entonces naciente sociología española a un autor como John Stuart Mill, y un argumento que sólo con el devenir de los años se ha constituido en parte del *main stream*, del paradigma dominante de la investigación sociológica actual.

Así escribía Posada en 1893, en *La amistad y el sexo*, discutiendo sobre "la posibilidad o imposibilidad de la amistad íntima entre personas de sexo distinto", que "la lectura del hermoso libro de Stuart Mill *La esclavitud femenina* me abrió muy amplios horizontes, y no dejó de contribuir a que viese algo en el prólogo que a la traducción española de ese libro puso doña Emilia Pardo Bazán"[23].

Para Posada no fue esta una preocupación esporádica, ya que pocos años más tarde publicaría su libro titulado *Feminismo*, en el cual reiterará sus alusiones y menciones de Mill, y del "hermoso libro" editado por la señora Pardo Bazán, dando cuenta también de "una ojeada sobre el feminismo en España" y sus publicaciones, en un volumen de casi trescientas páginas[24].

Como decíamos, *La esclavitud femenina*, o *La dominación de la mujer*, según las traducciones, ha conocido una difusión realmente excepcional en España: se ha reeditado por el Ministerio de Trabajo en un libro de gran divulgación, *Sobre la libertad y otros escritos*, en 1991. Antes conoció, aparte de la edición clásica de Lucas Verdú, de 1965, varias reediciones y traducciones de la compilación editada por Alice R. Rossi, una llevada a cabo por Guadarrama, en Madrid, se publica el mismo año también en Editorial Península de Barcelona. En 2008 se ha reeditado *La esclavitud femenina*, con el prólogo de Pardo Bazán, en Artemisa de Madrid. Y la prensa diaria se ha hecho eco, igualmente, a raíz de la reedición de *Los principios de economía política* y de la *Autobiografía*,

---

23 Posada y González Serrano, 1893, p. 9. Pardo Bazán, 1892, "Stuart Mill", pp. 41-76.

24 El ejemplar que pudimos consultar en el Ateneo de Madrid, con la colaboración de Paloma Candela, está mutilado, pero permite comprobar que el nivel de reflexión e importancia concedida al asunto ha adquirido notable desarrollo en España. Véase Posada, 1899.

de la vigencia actual de John Stuart Mill, destacando la "dimensión ética y social" de su obra[25].

Barbara Taylor, en una evaluación y estudio clásico sobre el papel del "owenismo", el socialismo y el feminismo en el siglo XIX, mostró cómo las grandes conquistas en las demandas de igualdad para las mujeres –en las que tanto se avanzó desde aquellas posiciones que se llamaron utópicas– terminaron por ignorarse, para recomenzar de nuevo en los años sesenta del siglo XX. El mismo argumento funda la potente reclamación de su papel como socióloga en Alice Rossi, para desvelar y difundir lo que ya había sido avanzado en la igualdad de sexos en los tiempos de John Stuart Mill y Harriet Taylor. En mi propia evolución intelectual, creo que este regreso a las fuentes, a los pioneros, a la defensa de una comunidad científica sin exclusiones, me ha orientado y ayudado a descubrir caminos de reflexión que otros ya habían pisado. Barbara Taylor justifica el gigantesco esfuerzo de su investigación, precisamente, porque, como ella dice, "las visiones políticas son frágiles". Y uno podría añadir: y los paradigmas científicos también. "Aparecen y se vuelven a perder. Las ideas formuladas por una generación son frecuentemente olvidadas, o reprimidas por la siguiente..."[26].

Por eso creo que es muy útil para quien se forma como investigador el regresar a lo que suponemos es el pasado. En él puede estar formulado nuestro futuro como investigadores.

Con Alfred Marshall, sin Mary Paley

Alfred Marshall es, sin duda alguna, *el autor* en el campo de la economía política, referencia insoslayable y fundamento, especialmente en los años que van de la publicación de su magna obra *Principles of economics*, en 1890, hasta su muerte en 1924. Así lo afirma su discípulo y exégeta John Maynard Keynes[27].

En Inglaterra [*Principles of economics*[28]] adquirió gradualmente una posición si no de tan exclusiva influencia como los *Principios* de Mill, que tuvieron [mucho peso] en la generación anterior a 1850, al menos comparable con ella. Por la amplitud de los problemas que trataba se convirtió en libro de texto.

---

25 Emilio Ontiveros, "Vigencia de J. S. Mill", en *El País Negocios*, domingo 17 de febrero de 2008.

26 Taylor, 1993, p. ix.

27 Véanse las referencias contenidas en mi artículo de 1991, "En los orígenes de la sociología del trabajo". Y, para la evaluación contemporánea de la obra de Marshall, el libro editado por Pigou, en 1925, *Memorials of Alfred Marshall*.

28 En adelante *Los principios*.

Alcanzó, entonces, una enorme difusión e influencia[29].

Su obra, siguiendo la estela de Babbage, debía, por tanto, formar parte imprescindible de una contrastación. Y así lo hice. Comenzando con un estudio de sus publicaciones y evolución, y tratando de contextualizarla en el estado de los conocimientos en las ciencias sociales de la época[30].

De Marshall apreciamos, conociendo en detalle su trayectoria intelectual, en primer lugar, e intentando evaluar nuestra propia biografía, su conocimiento directo y sobre el terreno de la situación de las empresas y de sus trabajadores. En efecto, todos los biógrafos, y él mismo, enfatizan que sus primeros pasos fueron, como lo fuera para Babbage el recorrer los "distritos industriales", una base para elaborar sus reflexiones. Eso es en efecto lo que hace entre 1867 y 1875, y más tarde junto con Mary Paley, que se convertirá en su esposa en 1877.

Ya he mencionado este trabajo en común en el epígrafe "Las mujeres y la vida" de mi libro *En la jungla de lo social*, pero vale la pena recordar aquí que el primero de los grandes trabajos de Marshall se publicará en 1879, y de él es coautora su mujer, ya entonces Mary Paley Marshall. Se trata de *The economics of industry*, cuya primera edición ve la luz en 1879, y de la que se conocen tres ediciones y numerosas reimpresiones, la última que hemos podido constatar es de 1890[31].

Pero, pronto, Mary Paley Marshall, que fue profesora –ya en 1875 en Cambridge, luego en Bristol, Oxford, y de nuevo en Cambridge–, desaparece de la escena científica de Marshall. El *Who's who in economics. A biographical dictionary of Major economists, 1970-1981* dice de ella, tras señalar que es la mujer de Alfred, que "merece un puesto por su propio derecho". Habiendo sido la primera mujer *lecturer in economics* en Cambridge, como ya recogí en una primera nota hace años, "terminó sumergiendo su carrera en la de él"[32].

---

29 La afirmación es de Shove, 1971, p. 742. Sobre la escasa influencia en Europa, consúltese p. 743. No es el momento de mayores precisiones, pero vale la pena decir que sí fue traducido, en las distintas ediciones al francés, y que pronto se difundió en diversas traducciones, tanto de la obra principal como de la versión abreviada de 1892 para "junior students".

30 Este camino, como ya he sugerido, y como argumentaré más abajo, lo que seguiré llamando por comodidad "sociología de la sociología" o de la producción científica, me llevó a leer obras que me reorientaron en mi pesquisa, o que me abrieron ventanas nuevas de interpretación. En este caso merecen mención especial las obras de David Reisman (ver bibliografía).

31 Véase, por todos, la edición de Whitaker, 1975, *The early economics writings of Alfred Marshall*. La primera edición de *The elements...* es de Macmillan, 1879, p. 231.

32 La crónica documentada de Méndez Ibisate, 2001, no deja lugar a dudas sobre esta afirmación, corroborada por la documentación citada en ese *paper*. Nada hacía presagiar esta actitud de Marshall, a juzgar por la extraordinaria conferencia de 1873, "Sobre el futuro

Un caso muy distinto de la "gran pareja", Sidney y Beatrice Webb, a quienes he dedicado varios estudios y de los que cabe recordar, pero no repetir, los argumentos que son sustantivos en esta sede: el aprendizaje de su ejemplo como investigadores, de sus recursos intelectuales y metodológicos.

Pero volvamos a Marshall. Porque leerlo en nuestros días, sin las anteojeras de la clasificación disciplinaria, descubre que estamos ante un abordaje tan "sociológico" como cabría esperar de la mejor economía política de la época. Veamos esta proximidad, consciente hoy para mí, en algunos aspectos esenciales para nuestra propia concepción de la sociología.

"La economía se ocupa, principalmente, de seres humanos, impelidos, para bien o para mal, a cambiar y a progresar", porque si la economía es, por una parte, una ciencia de la riqueza, por otra es "aquella parte de las ciencias sociales que estudia la acción del hombre en la sociedad". Más aún, "la economía viene a ser, por tanto, el estudio de los aspectos económicos y condiciones de vida, política, social y privada del hombre, pero más especialmente de su vida social"[33]. Y en una nota mucho más adelante en su argumento Marshall dice que "quizá el uso del término Sociología es prematuro, pues éste parece suponer una unificación ya lograda de las ciencias sociales"[34].

Y en el último de los libros publicados en vida del autor, *Money, credit and commerce*, dice para destacar el objeto del mismo:

...el propósito principal [del libro] es estudiar la dirección de los esfuerzos de los hombres para el logro de fines materiales: y buscar las posibilidades de mejoras en ese proceder que puede incrementar el control de los pueblos del mundo sobre sus recursos, y capacitarles para desarrollar sus más altas facultades[35].

Estas declaraciones podían tomarse como *declamaciones* de principios que luego se olvidan. Antes al contrario: todo el texto de *Los principios*, que se lee con una fluidez y base argumental enormemente atractiva, revela una preocupación permanente por esos aspectos subrayados en los párrafos anteriores. Ya sea en el estudio del tiempo de trabajo:

---

de las clases trabajadoras", en la que evoca la autobiografía de Mill y la influencia de las mujeres en la creación de las obras científicas.

33 Las citas, por la edición española de Aguilar, Marshall, 1963, en pp. XXV, 43 y 36.

34 Marshall, 1963, p. 635, nota.

35 Marshall, 1923, Book IV, Chap. II, pp. 238-245, "Influences...". "The main purpose [of the book] is to study the direction of man's efforts for the attainment of material ends: and to search for possibilities of improvements in that procedure which may increase the command of the people of the world over their ressources; and enable them to develop their higher faculties".

…las relaciones entre la eficiencia industrial y las horas de trabajo son complejas. Si el esfuerzo es muy grande, un hombre está capacitado para continuar una larga tarea hasta un cierto momento en que queda tan agotado que su eficiencia se resiente mucho por ello[36].

O en el estudio del papel de balance y equilibrio que pueden jugar unas organizaciones sindicales fuertes y responsables[37]; en el estudio directo de las condiciones de trabajo y, como siguiendo muy de cerca la estela de Babbage, de la división del trabajo y de la organización interna de la producción en las fábricas, o en los sistemas de fábricas, que después de él y hasta hoy en día se llamarán "distritos industriales":

…una fábrica relativamente pequeña se mantendrá al día y dará un constante empleo a las mejores máquinas para cada procedimiento, de modo que una fábrica grande no es más que la reunión de diversas fábricas pequeñas paralelas, situadas bajo el mismo techo[38].

En todos esos temas y en tantos otros que sería prolijo enumerar en su totalidad, como las cualificaciones de los obreros y artesanos[39], o las necesidades impuestas por las nuevas tecnologías de la época[40], Marshall es una lección viva de lo que puede ser un científico social abierto a su tiempo hasta los últimos años de su vida. Murió a los 82 años en 1924, y cuatro años antes anotaba cuidadosamente con lecturas absolutamente al día cada página y argumento de su libro, o añadía, en los últimos libros[41], observaciones y anotaciones largas y detenidas, aunque versaran sobre temas muy distintos, entre ellos, todo cuanto se publicaba sobre

---

36 Marshall, 1963, p. 569; a esta le siguen una serie de observaciones que recogen cuanto se conocía sobre estos asuntos en la época, incluyendo las notables, y luego olvidadas, aportaciones de Jevons. Todo ello dentro de un capítulo, el XIII, del libro VI, dedicado a "El progreso en relación con el nivel de vida".

37 "Poco más que daños pueden venir de un sindicato débil, dispuesto siempre a intervenir, pero rara vez capaz de asegurar el cumplimiento leal de un convenio en el que ha tomado parte;… tenemos que convenir que en tales industrias los sindicatos facilitan los negocios". Marshall, 1936, p. 24.

38 Marshall, 1963, p. 235.

39 Ver, por ejemplo, Marshall, 1963, pp. 174 y ss., capítulo VI del libro IV, "La educación industrial".

40 Marshall, 1963, pp. 210-22, "División del trabajo. La influencia de la máquina".

41 Estos libros son *Industry and trade*, 1919, cuyo subtítulo es bien expresivo: "Un estudio de la técnica industrial y de la organización empresarial; y de sus influencias sobre las condiciones de varias clases y naciones". Como ejemplo puede verse su capítulo XI, pp. 365-378, "Business organization: applications of scientific method". El otro libro es *Money, credit and commerce*, 1923. Parece bastante probado que Mary Paley se encargó de editar, anotar y poner al día tanto los últimos libros de Marshall como, probablemente, la edición de 1920 de *Los principios*, la octava y última editada en vida del autor. Méndez, 2001.

organización del trabajo, sobre taylorismo, sobre la comparación con las aportaciones inglesas, etc., etc.

Pero estas notas no bastarían para subrayar la eventual influencia de este *détour* por la obra y la vida de Alfred Marshall, si no se destacaran otros aspectos menos evidentes, aunque, en mi reflexión actual, probablemente muy relevantes.

El primero es el estilo de escritura. Llano, inteligible, sin artificios que oculten su construcción. Si se parte de su formación matemática y lógica, se puede constatar que, aunque los argumentos que sostiene –como en su día demostró Manuel Castells para la obra de Marx– parezcan únicamente discursivos, podrían formalizarse en muchas ocasiones. Y de hecho, con gran probabilidad lo han sido antes de presentarse al público.

Es conocido que Marshall reescribía *da capo*, o dictaba, sus obras una, dos o más veces. Leyendo esas impresiones, uno se lo imagina revisando su obra en un ordenador actual. Pero, difícilmente, reescribiendo una obra monumental, por mucho que recurriera a amanuenses, sólo por el prurito de, primero, hacerla accesible, legible y, a mi juicio, sobre todo, *debatible, discutible*.

El segundo rasgo es su admiración y lectura de los que hoy nosotros, los sociólogos, seguimos acogiendo en nuestro seno como parte de la propia tradición. Por ejemplo, su estudio crítico de la obra de Le Play, que nos abre también la vía para un tercer rasgo.

En la obra de Le Play, como ha analizado Giacomo Becattini, Marshall ejemplifica, en *Los principios*, su distinción entre el método *intensivo* y el método *extensivo*.

> El método de Le Play es el estudio intensivo de todos los detalles de la vida doméstica de unas pocas y bien escogidas familias. Para trabajar bien con él, se requiere una difícil combinación de juicio en la selección de casos, y de profundidad y simpatía en la interpretación de los mismos. Bien hecho es lo mejor, pero en manos normales es difícil que sugiera más confianza en sus conclusiones generales que las obtenidas por el método extensivo de recoger más rápidas y numerosas informaciones, reduciéndolas, en lo posible, a una presentación estadística[42].

Marshall abrirá las posibilidades de reflexión para la construcción de casos *representativos o significativos* con consideraciones como ésta:

> ...el coste normal de producción puede ser calculado con respecto a una empresa representativa, que efectúe una buena distribución, tanto de aquellas

---

42 Marshall, *Principles*, vol. 1, p. 116. Citado por Becattini, 1990, p. 293, nota 58.

economías internas que corresponden a un negocio individual bien organizado, como de aquellas economías generales externas que aparecen en la organización colectiva de un distrito considerado como un todo.

Y concluye:

...así, pues, una empresa representativa es, en cierto sentido, una empresa media; [se pueden entender muchas cosas por esto]. No podemos ver esto examinando una o dos firmas tomadas al azar, pero podemos hacerlo bastante bien escogiendo, después de un amplio estudio, una empresa...[43].

Talcott Parsons escribió y reflexionó sobre esta proximidad y vinculación con la gran tradición europea de la sociología, identificando en *La estructura de la acción social*, publicada originalmente en 1937, a ese "grupo de recientes escritores europeos" en las figuras de Pareto, Durkheim, Weber y Marshall[44].

En un artículo de 1931 ya le había dedicado a Marshall una reflexión, en relación con el pensamiento de su tiempo y con la eventual ligazón entre economía y sociología. Aquí encontró interesantes vinculaciones entre Weber y Marshall. Destaca su énfasis sobre "la relación de las actividades económicas con el carácter humano" y su eventual "contribución a un sistema de sociología". Y reivindica, al final del texto, su pasión por la teoría como única forma de colocar los hechos en su lugar: "Si la ciencia falla en cartografiar su curso, estará tan perdida en los mares sin planos de los 'hechos', como un barco sin navegante"[45].

En mi trayectoria intelectual, y en mis obras publicadas, la influencia de Alfred Marshall está siempre presente, aunque no se vea tanto como ahora creo que merece. Y muy especialmente en lo que concierne al estudio de la reorganización productiva, de los distritos y "detritos industriales", de la cultura industrial, encarnada, institucionalizada o materializada en un territorio socialmente significativo[46]. Para ello su concepto de *atmósfera industrial* –"los misterios de la industria pierden el carácter de tales, y están como si dijéramos, en el aire"– y la atenta lectura de su obra revisten una riqueza potencial que solo la investigación

---

43 Marshall, 1963, escribe la primera cita en el prólogo a la octava edición, esto es, en 1920, p. XXIV. La segunda cita es de la p. 265, y se está refiriendo a los estudios de casos. Referencias semejantes en las pp. 1 y 4.

44 Véase Parsons, 1949, pp. 129-177.

45 Parsons, 1932, pp. 319, 336 y 345.

46 Pueden verse varios artículos recogidos en Castillo, 1993. Y, también, más recientemente nuestro estudio de la organización del trabajo en las fábricas de software, Castillo, 2007. Un balance de conjunto en Castillo, 2008.

actual –en el contexto desenfrenado de la subcontratación generalizada y de la, otra vez, "nueva división internacional del trabajo"– permite calibrar en todo su valor[47]. Un clásico con todos los honores.

Conclusión provisional: "pasión y oficio", aprender con los clásicos

Con ese mismo título, "pasión y oficio", e inspirado por las afirmaciones de Beatrice Webb en su diario, *creed and craft*, publiqué en 2001 unas notas introductorias a la edición de su primer artículo sociológico, "Diario de una chica trabajadora", de 1888. Allí la presenté, en la principal revista sociológica española, como una de las damas fundadoras de la sociología[48].

Cuanto vengo argumentando en esta reflexión sobre la práctica de mi profesión de sociólogo, tiene un momento culminante, y en algún modo ejemplar, precisamente, en el tiempo y las páginas que he dedicado a esta "gran pareja", los Webb, quienes constituyen uno de los pilares fundamentales de nuestro acervo como sociólogos, economistas o estudiosos de la reforma social y del Estado de Bienestar. Lo que he aprendido de su obra es, quizá, el último producto de ese camino, tan largo y perseverante, que se inició con el perseguir las trazas y huellas de Charles Babbage. Tanto en relación con su obra, como en relación con sus fuentes y contemporáneos.

En todos ellos se plasma el ejemplo de la reconstrucción de un pasado frecuente y casi totalmente ignorado en nuestra tradición sociológica, pero que dormía ahí en citas, en bibliotecas, en libros que a veces no habían sido abiertos nunca antes de nosotros. Un pasado inmenso, que me ha llevado a frecuentar la sociología británica y sus autores hasta su primera refundación a finales de los años cincuenta y sesenta del siglo XX. Y más tarde, hasta hoy en día, resurge en la brillante, diversa y decisiva aportación que puede ejemplificar la revista de referencia internacional más prestigiosa en nuestra área, *Work, Employment and Society*.

---

47 La referencia al concepto de *atmósfera industrial*, en el contexto de su reflexión sobre las cualificaciones y la formación de los trabajadores, está en el libro IV de *Los principios*, donde se subraya que la habilidad "depende en gran parte del ambiente de la infancia y la juventud". La cita en el texto, en p. 226, sigue: "y los niños aprenden mucho de ellos de un modo inconsciente".

48 Véase, Castillo, 2001, que incluye Webb, 2001 [1888]. Se reproduce también en este libro.

En ellos he intentado plasmar, mirando a mi propia formación, la apertura y la curiosidad científica por, en, y hacia otras disciplinas, a través de los diversos trabajos que les he dedicado, en la difusión de su obra menos conocida, en el recurso *actual* a sus enseñanzas. Como la culminación de un ejercicio reflexivo sobre la trastienda de la reflexión sociológica y las fuentes de su iluminación y creatividad.

Termino aquí, provisionalmente, la narración de un recorrido en el cual he tratado de identificar algunas ideas que pueden servir para defender un estilo de formación para quien se inicie, o persevere, en el oficio de sociólogo, cuyas bases fundamentales sean el recurso permanente a cuestionar, identificar y vivificar las aportaciones de los y las que hemos llamado clásicos de las ciencias sociales.

Invito a seguir las pistas, ideas, referencias y sugerencias que están siempre yaciendo, a veces casi dormidas entre las citas, perdidas para el lector apresurado y acrítico, al que le basta con los resúmenes de segunda mano y para el que todo lo que sea demora y reflexión parece ya pérdida de tiempo[49].

Los clásicos desvíos en sociología no llevan sino a una mejor y mayor capacidad de intelección de los tiempos nuevos y turbulentos que nos ha tocado vivir. Porque ellos nos devuelven, sin darnos cuenta, a una mayor capacidad para la integración de los saberes en las ciencias sociales.

La formación de los jóvenes sociólogos actuales, creo, debe demorarse en la reflexión para que la acción pueda ser, cada vez más, razonada y razonable. Algo en lo que tanto podemos aprender de las mujeres, y de las mujeres sociólogas muy especialmente. Las mismas que contribuyeron con fuerza a la consolidación de la tradición clásica, y de las que tan poco sabemos, aún, hoy en día.

---

49 Este es un pequeño homenaje al que fuera mi compañero en la defensa de la Universidad Democrática, Josep Vicent Marqués, del que aún me emociona recordar uno de sus cuentos en los que dos citas enamoradas, en páginas contiguas, sufren porque el dueño del libro en el que están se ha ido sin acordarse de cerrarlo y juntarlas. Marqués fue uno de los pocos sociólogos feministas cuando eso era tan excepcional, como el permanente oficio de desmitificar a los mandarines de la Universidad. Él era capaz de hacerte ver esas ideas dormidas entre las citas. Va por ti, colega.

Referencias bibliográficas

BABBAGE, Charles (1832): *On the economy of machines and manufactures*, Londres, Charles Knight. [Primera edición; el mismo año se publican 4 ediciones].

—— (1835): *Tratado de mecánica práctica y economía política...*, Traducido de la 3ª edición inglesa y ampliada con notas por D. José Diez Imbrechts, Madrid, Imprenta de I. Sancha, XX+356 p.

—— (1989): *Science and reform. Selected works of Charles Babbage, chosen with an introduction and discussion by Anthony Hyman*, Cambridge, Cambridge University Press, VII+359 p.

—— (1989): *The Works of Charles Babbage*, Londres, William Pixkering, 11 vols.

BECATTINI, Giacomo (1990): "Alfred Marshall e la vecchia scuola economica di Cambridge", in G. Becattini (a cura di), *Il pensiero economico: temi, problema e scuole*, Turín, UTET.

BELANGER, Jay y STEIN, Dorothy (2005): "Shadowy vision: spanners in the mechanization of mathematics", *Historia Matemática*, vol. 32, 76-93 pp.

BILBAO, Andrés (1992): "Smith: la constitución de le economía como ciencia", manuscrito no publicado, con comentarios de JJC el 13 de febrero de 1992.

BRAVERMAN, Harry (1974): *Labor and monopoly capital. The degradation of work in the twentieth century*, Nueva York y Londres, Monthly Review Press, 465 p.

CASTILLO, Juan José (1979): *Propietarios muy pobres. Sobre la subordinación política del pequeño campesino en España*, Madrid, Servicio de Publicaciones Agrarias, 552 p. [Prólogo de Pierre Vilar].

—— (1991): "En los orígenes de la Sociología del Trabajo: la obra de Charles Babbage", en *Escritos de Teoría Sociológica. Homenaje a Luis Rodríguez Zúñiga*, Madrid, Centro de Investigaciones Sociológicas, 1993, 237-260 pp.

—— (1998): *A la búsqueda del trabajo perdido*, Madrid, Editorial Tecnos, 215 p.

—— (1998): "Beatrice Webb: la Sociología del trabajo entre dos siglos", *Política y Sociedad*, n. 32, 195-205 pp. [Monográfico sobre relaciones de género, editado por Inés Alberdi].

—— (2001): "Pasión y oficio: Beatrice Webb en la fundación de la sociología", presentación del texto "Diario de una investigadora", *Revista Española de Investigaciones Sociológicas*, n. 93, enero-marzo, 183-187 pp., seguido, 189-201 pp. del texto citado. Incluido en este libro.

—— (2003): "En la jungla de lo social: Beatrice Webb, nuestra contemporánea", en J.J. Castillo: *En la jungla de lo social*, Madrid y Buenos Aires, 67-98 pp.

—— (2003): *En la jungla de lo social. Reflexión y oficio de sociólogo*, Buenos Aires y Madrid, Miño y Dávila Editores, 204 p.

—— (2007): *El trabajo fluido en la sociedad de la información: organización y división del trabajo en las fábricas de software*, Madrid y Buenos Aires, Miño y Dávila, 158 p.

—— (2008): *La soledad del trabajador globalizado. Memoria, presente, futuro*, Madrid, La Catarata, 160 p.

COOK, Simon (2005): "Minds, machines and economic agents: Cambridge receptions of Boole and Babbage", *Studies in History and Philosophy of Science*, vol. 36, 331-350 pp.

FRÖBEL, Folker; HEINRICHS, Jürgen y KREYE, Otto (1980): *La nueva división internacional del trabajo. Paro estructural en los países industrializados e industrialización de los países en desarrollo*, Madrid, Editorial Siglo XXI, 580 p.

FUEGI, John y JO, Francis (2003): "Lovelace and Babbage and the creation of the 1843 'Notes'", *IEEE Annals of the History of Computing*, octubre-diciembre de 2003, 16-26 pp.

GAULEJAC, Vincent de; HANIQUE, Fabienne y ROCHE, Pierre (dirs.) (2007): *La sociologie clinique. Enjeux théoriques et méthodologiques*, Ramonville Saint-Agne, ÉRÊS.

JEVONS, William Stanley (1970 [1871]): *The theory of political economy*, Harmondsworth, Penguin. [Primera edición, 1871], 272 p. [Edición a cargo de R.D. Collison Black].

—— (1892): *Nociones de economía política*, París, Librería Garnier Hermanos, 188 p.

LEWIS, Michael A. (2007): "Charles Babbage: reclaiming an operations management pioneer", *Journal of Operations Management*, vol. 25, 248-259 pp.

MARSHALL, Alfred (1975): *The early economics writings of Alfred Marshall (1867-1890). Edited with an introduction by J.K. Whitaker*, Londres, Basingtoke, Macmillan for The Royal Economic Society, 2 vols., XXI+296; VIII+404 p.

—— (1961 [1920]): *Principles of economics. Ninth (variorum) edition, with annotations by C.W. Guillebaud*, Londres, Macmillan, 2 vols., XXIV+858; IX+886 p.

—— (1963 [1920]): *Principios de economía*, Madrid, Aguilar. [Traducción de Emilio de Figueroa. Prólogo de Manuel de Torres. Traducción de la 8ª edición, de 1920].

—— (1919): *Industry and trade. A study of industrial technique and business organisation; and their influences on the conditions of various classes and nations*, Londres, Macmillan, 874 p.

—— (1923): *Money, credit and commerce*, Londres, Macmillan, 369 p.

MÉNDEZ IBISATE, Fernando (2001): *Mary Paley Marshall*, Working Paper, Facultad de Ciencias Económicas, Universidad Complutense de Madrid, 51 páginas.

MILL, John Stuart (1965 [1848]): *Principles of political economy with some of their applications to social philosophy*, Londres, University of Toronto Press-Routledge, Kegan and Paul, 2 vol., XCIV+451; XV+1166 (en total).

—— (1965): *De la libertad. Del gobierno representativo. La esclavitud femenina*, Madrid, Editorial Tecnos, 457 p. [Introducción por Pablo Lucas Verdú].

—— (1986 [1873]): *Autobiografía*, Madrid, Alianza Editorial, 291 p. [Prólogo y notas de Carlos Mellizo].

MILL, John Stuart y TAYLOR MILL, Harriet (1970): *Essays on sexual equality*, Chicago y Londres, The University of Chicago Press, 242 p. [Edited and with an introduction by Alice S. Rossi].

PAGANO, Ugo (1991): "Property rights, asset specificity, and the division of labour under alternative capitalist relations", *Cambridge Journal of Economics*, vol. 15, 315-342 pp.

PARDO BAZÁN, Emilia (1892): "Stuart Mill (Prólogo a La esclavitud femenina)", *Nuevo Teatro Crítico*, año II, mayo de 1892, n. 17, 41-76 pp.

PARSONS, Talcott (1932): "Economics and sociology: Marshall in relation to the thought of his time", *The Quarterly Journal of Economics*, vol. 46, n. 2, febrero de 1932, 316-347 pp.

—— (1937): *The Structure of Social Action. A study in social theory with special reference to a group of recent european writers*, Glencoe (Ill.), The Free Press. [Consultado en la segunda edición, idéntica, de 1949. Edición en castellano, Madrid, Guadarrama, 1968].

PIGOU, A. C. (editor) (1966 [1925]): *Memorials of Alfred Marshall*, Nueva York, A.M. Kelley Publishers, 518 p. [Reprint de la edición original, Londres, Macmillan, 1925].

POSADA, Adolfo (1899): *Feminismo*, Madrid, Librería de Fernando Fé, 284 p.

POSADA, Adolfo y GONZÁLEZ SERRANO, Urbano (1893): *La amistad y el sexo. Cartas sobre la educación de la mujer*, Madrid, Fernando Fé, 32 p.

POTTER, Beatrice (1987 [1891]): *The cooperative movement in Great Britain*, Londres, Gower, XXXVII+260 p.

REISMAN, David (1987): *Alfred Marchall. Progress and politics*, Londres, Macmillan Press, 499 p.

—— (1990): *Alfred Marshall's mission*, Basingstoke, Macmillan.

ROMANO, R. M. (1982): "The economic ideas of Charles Babbage", *History of Political Economy*, vol. 14, n. 3, otoño de 1982, 385-405 pp.

SCHAFFER, Simon (1994): "Babbage's intelligence: calculating engines and the factory system", *Critical Enquiry*, vol. 21, n. 1, otoño de 1994, 203-227 pp.

SHOVE, G. F. (1971 [1942]): "El lugar de *Los principios* de Marshall en el desarrollo de la teoría económica", en J. J. Spengler y W. R. Allen: *El pensamiento económico de Aristóteles a Marshall*, Madrid, Tecnos, 726-754 pp.

SMITH, Adam (1976): *An inquirí into the nature and cuses of the wealth of nations*, Oxford, Clarendon Press, 2 vols., 66+1080 p. [General editors: R.H. Campbell y A.S. Skinner. Textual editor: W.B. Todd].

TAYLOR, Barbara (1993): *Eve and the new Jerusalem. Socialism and feminism in the nineteenth century*, Cambridge (Mss.), Harvard University Press. [Paperback edition. Edición original, 1983, Londres, Virago Press].

WEBB, Beatrice (2001 [1888]): "Diario de una investigadora", *Revista Española de Investigaciones Sociológicas*, n. 93, enero-marzo de 2001, 189-201 pp. [Se puede descargar en www.reis.es].

WEBB, Sidney y Beatrice (2004 [1898]): *La democracia industrial*. Edición, estudio introductorio y revisión de la traducción, Juan José y Santiago Castillo, Madrid, Biblioteca Nueva y Fundación Largo Caballero, XXXII+668 p.

WHITAKER, J. (editor) (1990): *Centenary seáis on Alfred Marshall*, Londres, Allen and Unwin.

2/ El porvenir de las clases trabajadoras (1873)[1]

Alfred Marshall

Mill nos ha ofrecido en su *Autobiografía* el testimonio más detallado que hasta ahora poseemos de la ayuda que su mujer le prestó en la mayoría de las mejores obras que ha escrito. Esta información tiene un gran valor en un momento en que, gracias en parte a la voz de Mill, comenzamos a comprender la importancia del problema que se plantea al preguntarnos si no debe educarse y aprovecharse el rápido discernimiento que la mujer posee para ayudar al hombre en la dirección tanto de los asuntos públicos como de los privados. Mill dice: "En todo cuanto concierne a la aplicación de la filosofía a las exigencias de la sociedad humana, yo he sido su discípulo, tanto en la osadía especulativa como en la prudencia del juicio práctico". Todos los ejemplos que a este respecto nos ofrece tienden a probar cómo se aceleraría nuestro progreso si libertáramos la inteligencia de la mujer de los tupidos velos con que una costumbre artificial la ha envuelto y le diéramos rienda suelta para que, femeninamente, cumpliera sus deberes en el mundo. Pero un ejemplo ilustra de manera sorprendente la íntima conexión que existe, y que el curso de la historia comprueba, entre el libre juego de la enérgica y completa visión del pensamiento femenino y la mejoría de las condiciones de vida de las clases trabajadoras:

El capítulo de la *Economía Política* –dice– que ha logrado influir en la opinión más que ningún otro, el titulado 'Futuro probable de las clases

---

1 Conferencia leída en el Reform Club, de Cambridge, el día 25 de noviembre de 1873, impresa poco después y repartida privadamente. Reproducida por el profesor A. C. Pigou al editar *Memorials of Alfred Marshall*, Londres, 1925, sin enmienda o alteración de ninguna clase, pero indicando que este trabajo tiene las características del entusiasmo del autor en su juventud. La reproducción ocupa las páginas 101 a 118 de la obra citada. [Traducción de D. Fernández Shaw].

obreras', se debe por completo a ella. En el primer borrador del libro no existía. Ella me señaló la necesidad de incluir un capítulo sobre tal tema y lo muy imperfecto del libro con esta laguna; se debe, pues, a ella el que lo escribiera. Y la parte más general del capítulo –la exposición y el estudio de las dos teorías opuestas respecto a las condiciones peculiares de las clases obreras– es del todo una exposición de sus ideas, con frecuencia expresadas con sus mismas palabras.

Otras mujeres pueden haberse expresado como ella se expresó, pero, por una u otra razón, es como si no hubieran dicho nada. Congratulémonos de que las palabras de una mujer no se pronunciaran en vano sobre este problema.

El plan que me propongo seguir hoy no es muy distinto del seguido por Mill y su señora, aunque rara vez coincida exactamente con él. Me propongo esbozar en líneas generales una parte del problema que es preciso examinar si queremos estudiar como es debido si la mejoría de las condiciones de vida de las clases trabajadoras tiene límites que no pueden rebasarse, si es cierto que los recursos del mundo sólo son bastantes para dar a una pequeña parte de sus habitantes una educación en su juventud y una ocupación en su vida posterior semejante a la que hoy consideramos adecuada para un caballero.

Existe un gran número de hombres y mujeres generosos que desean con vehemencia tener tal esperanza, pero que se encuentran con grandes dudas. De tiempo en tiempo comprueban algunos casos sorprendentes, pero absolutamente auténticos, de trabajadores que han despilfarrado el aumento logrado en sus salarios, que han mostrado escaso interés por todo cuanto no sean los placeres de la comida y de la bebida, o muy posiblemente por aquellas otras diversiones que entretienen a ese pobre tipo de hombre que llamamos el deportista. De cuando en cuando se encuentran con algunos ejemplos de sirvientes que han empleado las mejoras que han obtenido en su posición, en adoptar un tono de frivolidad falaz y una indiferencia casi ostentosa hacia los intereses de aquellos a quienes se han comprometido a servir. De esta manera, los espíritus que no quieren estar en dudas se turban ante dudas como éstas: si una gran parte del trabajo manual, duro, es más, grosero, ha de ser hecho siempre poco más o menos como ahora; si una educación refinada no incapacitará a los obreros para hacer este tipo de trabajos; si, puesto que no pueden evitar el hacerlo, se consideran desgraciados por tenerlo que hacer; si todo intento de extender más allá de ciertos límites la educación mental de tales trabajadores ha de estar condenado al fracaso, o constituir casi una calamidad en el caso contrario; y, si cuanto vemos u oímos no es una clara indicación de que tales y tan angustiosos límites son estrechos y no estamos muy lejos de alcanzarlos.

El problema que planteamos esta noche es el de saber si puede o no resolverse tal duda. El problema no es el de si todos los hombres serán en definitiva iguales, pues es seguro que no pueden serlo, sino el de si el progreso puede continuar firme, aunque lento, hasta que las distinciones oficiales entre trabajadores y caballeros se hayan borrado; hasta que, al menos por su ocupación, todo hombre sea un caballero. Yo sostengo que puede serlo y que lo será.

Primero hemos de ver con la mayor claridad qué es lo que quiere decir en realidad la diferencia que la costumbre ha establecido entre la ocupación de un caballero y la de un trabajador. La distinción no tiene base etimológica pero no encontramos otras palabras más adecuadas para nuestro propósito; existe en la realidad, pero es extraordinariamente difícil definir sus dos términos. Algunos de los intentos realizados que pueden sugerir mejor lo que cada uno de ellos significa, en forma explícita, hacen imposible, si queremos vernos libres de toda confusión, la investigación respecto a las circunstancias especiales de las clases trabajadoras, circunstancias cuya modificación es condición indispensable de la mejora de que tratamos.

¿Quiénes forman las clases obreras? Evidentemente no todos los que trabajan, pues todo hombre, por muy rico que sea, si es un hombre verdadero y está sano, trabaja y trabaja duramente. No todos aquellos que viven gracias a lo que les produce el trabajo de sus manos, pues los más insignes escultores hacen esto. No aquellos que reciben una paga por servir y obedecer, pues los oficiales del ejército reciben su sueldo y su obligación implícita es la obediencia. No quienes son pagados por desempeñar deberes desagradables, pues no hay tal vez deber más desagradable que el que cumple un cirujano. Ni siquiera todos aquellos que trabajan mucho y reciben poca recompensa, pues una maestra, con un alto grado de educación, trabaja mucho y su salario es bien bajo. ¿Quiénes las forman, pues?

¿No es cierto que cuando decimos que un individuo pertenece a las clases obreras, pensamos más en el efecto que sobre él produce su trabajo que en el efecto que él ejerce sobre su trabajo? ¿Si la tarea diaria que un hombre desempeña le proporciona mayor cultura y refina su carácter, por muy ordinario que sea el individuo en cuestión, no decimos que su ocupación es la de un caballero? ¿Si su trabajo diario tiende a conservar su carácter rudo y ordinario, por muy refinada que sea la persona que lo realiza, no decimos que pertenece a las clases obreras?

Es preciso examinar más detenidamente las características de aquellas ocupaciones que conducen al refinamiento del carácter y a una mayor cultura. Exigen capacidades y actividades mentales de orden diverso. Exigen la facultad de mantener relaciones de tipo social con un gran número de personas; requieren, al menos en apariencia, el hábito de acoger favorablemente y prever rápidamente los sentimientos de otros respecto a extremos de menor importancia, y una vigilancia muy abierta para evitar que cualquier hecho o palabra, en sí mismos triviales, no produzcan molestia o resentimiento. Todas estas cualidades son necesarias para lograr el éxito, y por eso se van incubando en la juventud merced a un largo y continuado proceso pedagógico. A través de toda la vida se van desarrollando y perfeccionando por su mismo ejercicio y por el contacto con otras personas que tienen las mismas cualidades y necesitan que sus amigos también las tengan. Las afinidades de un hombre se van ampliando de esta manera porque va conociendo mejor la vida y está capacitado para interesarse en todo cuanto llega a conocer. Y llega a aumentar el número de sus satisfacciones; toda muestra de energía intelectual, o de percepción artística, toda nueva amistad, próxima o lejana, le proporcionan una nueva capacidad para disfrutar de la vida y remueve poco a poco su interés en los placeres ordinarios. Para ello no es preciso la riqueza, aunque con frecuencia lo facilite. Se ha dicho que en el pecho de todo hombre anida siempre, aunque sea en pequeña parte, el espíritu de un lacayo. Tal vez sea cierto, pero no respetamos a un hombre, ni la mitad siquiera de lo que suponemos, simplemente por lo que él *tiene*. Pensamos en lo que él *es* mucho más de lo que suponemos. Las cualidades que permiten hacer una buena carrera, o que proporcionan el éxito en cualquier actividad, son, en general y hasta cierto límite, admirables. La posesión de riqueza, en general, supone la obtención de una educación liberal en la juventud, y amplios intereses y relaciones refinadas en el resto de la vida, y los efectos de todo esto en el carácter son el atractivo principal de aquélla. Si fuera cierto que el respeto que se dispensa a los hombres ricos es, en general, un culto directo a la riqueza, el porvenir del mundo sería más oscuro de lo que es, y yo tendría que tratar de manera muy distinta el tema que nos ocupa esta noche.

No basta, sin embargo, anotar que las ocupaciones que hemos dado en llamar ocupaciones del caballero elevan el carácter y educan, directa o indirectamente, las facultades, por el entrenamiento y por la asociación con otros, en las horas de oficina y en las de ocio. Debemos subrayar que tales ocupaciones excluyen casi por completo las influencias contrarias que vamos a descubrir cuando examinemos el caso de las clases obreras.

Debemos, antes de seguir más adelante, considerar el caso de la clase intermedia, clase cuyas ocupaciones le permiten recibir algunas de las influencias que elevan y refinan, y algunas otras influencias que no producen estos efectos. El escultor que, gracias al trabajo de su cincel, añade fama a su país, que disfruta de lujos materiales y espirituales, es, sin duda alguna, un caballero por la profesión a que se dedica. Descendiendo en la escala del arte, nos encontramos con el artesano, muy especializado y bien pagado, que adorna los edificios públicos con sus magníficas tallas. Pero aún falta por recorrer un gran espacio hasta que llegamos al simple albañil, quien, con gran trabajo de sus músculos, pero con poco esfuerzo mental, redondea un bloque de piedra, o hace un sillar, siguiendo instrucciones muy concretas. ¿En qué lugar de esta escala nos encontramos al primer simple obrero? Constituye por sí mismo un hecho importante y esperanzador el que no podamos contestar rápida y concretamente, pues indica que se trata de una continua e ininterrumpida cadena de ocupaciones. Existe una tendencia a no estimar seriamente la diferencia entre un obrero especializado y aquel que no lo es. Pero no puede negarse el hecho de que el artesano no sometido a trabajos duros, y a quien se paga principalmente por su habilidad y por su esfuerzo mental, es tan consciente de la superioridad de su oficio en relación con los demás como lo puede ser el más noble propietario de tierras. Y está en lo cierto, pues su oficio le ofrece la oportunidad de ser un caballero en espíritu y en realidad, y constituye una gran gloria de los tiempos presentes el que muchos de éstos se estén convirtiendo ya en caballeros. Se esfuerzan firmemente por lograrlo; firmemente aspiran a una preparación más completa y liberal en su juventud; firmemente aprenden el valor que para ellos tiene el aprovechamiento del tiempo y del ocio; comprenden que les interesa cuidar esto más que lograr el simple aumento de jornales y de comodidades materiales; desarrollan decididamente el espíritu de independencia y el de la propia estimación y, al mismo tiempo, por consiguiente, el del respeto cortés hacia los demás; aceptan con decisión semejante sus deberes públicos y privados de ciudadanos y, por último, comprenden en forma acelerada la verdad de que son hombres y no máquinas productoras. Por todo ello se van convirtiendo decididamente en caballeros. Decididamente, sí, pero esperamos que dentro de poco podamos decir decidida y rápidamente; incluso ahora mismo el panorama no es ya un panorama sombrío.

Pero volvamos ya nuestros ojos a la parte más lóbrega del grupo, la que integran los trabajadores no especializados. Veamos esas grandes masas de hombres que, después de largas horas de trabajo duro y puramente físico, regresan a sus pobres hogares, exhaustos sus cuerpos y embotados e indolentes sus espíritus. Habitualmente, estos hombres resisten un duro trabajo corporal ocho, diez o doce horas cada día, y este hecho nos es tan familiar que apenas nos damos cuenta de hasta qué punto influye en la historia moral e intelectual del mundo; escasamente comprendemos el efecto poderoso, sutil y penetrante que el trabajo del cuerpo humano tiene en el empequeñecimiento del desarrollo del hombre.

Alguno de nosotros acaso sepa lo que supone un ejercicio físico violento y continuo. Otros tal vez tengan alguna experiencia ocasional adquirida en largos paseos. Y en estas ocasiones disfrutamos del aire fresco y de los aspectos cambiantes del paisaje, y nos agrada más que nunca tener a mano una novela o un diario. ¿Pero hemos intentado alguna vez hacer un estudio serio cuando estamos realmente fatigados? Yo recuerdo que estando una vez en los Alpes, después de tres días de ascensiones verdaderamente difíciles, me decidí a tomarme un día de descanso y leer un libro de filosofía. Yo estaba entonces bien entrenado en este tipo de ejercicio. Sólo sentía cansancio físico. Pero en cuanto llegó la primera ocasión que exigía un esfuerzo mental, mi inteligencia se negó a servirme. Ello me irritó extraordinariamente, pero mi irritación fue en vano. Cuando un caballero recibe una carga demasiado pesada para él, clava sus cuatro patas en el suelo y recula. Esto fue exactamente lo que me ocurrió y por ello fracasé. Me he encontrado con que otros, en casos parecidos, fracasan de igual manera, aunque su inteligencia esté bien entrenada para el estudio, aun cuando sean investigadores profesionales. Y los fisiólogos nos dicen que así tiene que ser, que todo ejercicio corporal serio empobrece durante algún tiempo la sangre, con lo cual no se nutre bien el cerebro y, no teniendo éste vigor suficiente, la inteligencia no trabaja.

¿Debe, pues, asombrarnos que un obrero cansado no siempre aproveche ávidamente sus horas de ocio para su propia elevación mental? Siendo un esfuerzo para él la lectura, ¿cómo puede ser atraído por el placer del estudio para luchar contra su propia fatiga? El sordo de nacimiento no conoce los placeres de la música, pero vive entre quienes sí los conocen y cree en ellos. Pero el obrero pobre bien puede vivir y morir sin siquiera darse cuenta de la alegría que produce el conocimiento, ni la emoción que proporciona el arte; no puede nunca concebir lo magnífico que es poder pensar y sentir ciertas cosas en comunión con otros muchos hombres. Así y todo, no por eso deja de poder disfrutar de algún beneficio. Puede pasar una velada tranquila y descansada en un hogar saludable y dichoso y, de esta manera, disfrutar de una de las mayores felicidades a que puede aspirar un hombre. Puede, sin duda alguna, pero si no ha recibido educación adecuada, no es fácil que llegue a tener un hogar muy saludable.

Existe otro hecho terrible respecto al trabajo agotador de los obreros. El de que la fatiga física, en sus formas extremas, produce un desasosiego y una ansiedad físicos que condenan al hombre a su ruina. Está perfectamente demostrado que en todas las ocupaciones en que los hombres tienen que emplear en el trabajo de un día casi tanta energía como la que las fuerzas vitales del cuerpo pueden compensar, y que además son por sistema irregulares, los placeres del hogar no pueden competir con los más groseros atractivos de las tabernas. Todo hombre puede buscar en la taberna, como en el casino, los atractivos del trato social como complemento a los de la vida familiar, y esto le elevará y no le perjudicará. Puede, sin duda alguna, pero si su trabajo ha sido rudo y su cerebro está embotado, es fácil que busque sólo los placeres más groseros, la bebida, las bromas ordinarias y el ruido. Todos hemos oído decir que las costumbres más groseras han sido creadas por el rudo trabajo de los mineros, pero, aun entre estos mismos, cuanto más rudo sea el trabajo corporal, más pobres son las condiciones mentales. Los mineros del hierro, por ejemplo, están en mejores condiciones que los del carbón. Y si es cierto que los hombres de este tipo aprecian el valor de los salarios altos en cuanto éstos les proporcionan más medios para convertir sus estómagos en hornos para la conversión del alcohol en vapor, ¿no es un poco lamentable la diversión de burlarse de ellos? ¿No sería mucho más provechoso elevar el sentido de la investigación y preguntarnos: deben ocurrir tales cosas?

Ya hemos decidido que algunas de ellas *no* deben ocurrir. Una Comisión de la Cámara de los Comunes, en 1866, informó respecto a la educación que el mundo ha dado a tales hombres y merced a la cual éstos han sido formados. Nos ha informado cómo niños y niñas de menos de ocho años trabajaban en los ladrillales transportando cargas enormes de ladrillos desde las cinco de la mañana hasta las ocho de la noche, con sus caras macilentas, sus piernas deformadas por el trabajo, sus cuerpos cubiertos de barro y sus mentes saturadas de inmundicias. Todo ello existía, sí, pero aún existía algo peor que la suciedad: la desesperación. Se nos decía en el informe: "lo peor de todo es que los obreros de los ladrillales desesperan de sí mismos", y se pone en boca de uno de ellos la siguiente frase: "Tratar de mejorar al ladrillero le será a usted tan difícil como mejorar al diablo". Tales cosas no deben ocurrir, pero aun hoy día [1873] suceden otras casi iguales; y la existencia de las mismas ha formado a los hombres cuyos hechos y dichos hemos citado, por lo que debe tenerse presente cuando se arguye que las clases trabajadoras no pueden mejorar.

¡Qué espantoso, pues, el panorama del trabajo rudo prolongado indebidamente! ¿Pero es que un trabajo que no exige tal esfuerzo, cuando se prolonga también indebidamente, está libre de tacha? Recordemos simplemente el trabajo de las costureras a destajo:

¡Trabajar, ay, trabajar
 de campanada a campanada!
¡Trabajar, ay, trabajar,
como el forzado en la prisión!
Coser, y luego hilvanar,
hilvanar, y luego coser;
el corazón se cansa, y los ojos no ven,
y ya ni los dedos sienten.

¡Trabajar, ay, trabajar,
a la triste luz de diciembre,
y trabajar, trabajar
cuando el sol brilla radiante,
mientras bajo el alero
las golondrinas se alborotan,
y siento cada golpe de sus alas
como un reproche de la primavera!

¡Quién pudiera aspirar el aroma
de las flores de mayo:
arriba el azul del cielo,
abajo la fresca hierba!
¡Siquiera por una hora
volver a ser lo que fui
antes de conocer tanta miseria
y lo mucho que cuesta ganarse el pan!

¡Siquiera por una hora
un respiro, no pido más!
Pero ya he dicho adiós a amores y esperanzas,
y sólo las penas caben en mí.
¡Ay, ni siquiera puedo desahogarme
llorando, que mi mismo llanto
y cada una de mis lágrimas
arruina la aguja y el hilo!

"El corazón se cansa, y los ojos no ven. Ya he dicho adiós a amores y esperanzas, y sólo las penas caben en mí". Bien claro vemos aquí cómo el trabajo puede llegar a deprimir, y mantener en ese estado de depresión a las "clases trabajadoras". El hombre tiene que trabajar para vivir, y es el trabajo el que debe sostenerle y dar sentido a su vida, lo mismo a su cuerpo que a su espíritu. Pero, ¿qué ocurre cuando ese trabajo destruye su vida íntima? ¿Acaso no apunta aquí una terrible verdad el término "trabajador", cuando se aplica al obrero no especializado, a aquel que por su ocupación vive prácticamente sólo para ese trabajo que le resulta una carga?

Los antiguos creían que la esclavitud era una institución natural, que sin los esclavos el mundo no podría progresar, que ninguno de ellos podría tener tiempo de sobra para cultivar su inteligencia y que tampoco podrían ser ciudadanos. Nosotros hemos desechado tal creencia; hemos llegado a comprender que la esclavitud seca y socava la vida moral de los Estados, en cuyas raíces penetra. Pero, no obstante, desde la más tierna juventud nuestro juicio está hoy dominado por otra creencia pagana, no muy diferente de la que dominaba a los antiguos: la creencia de que es conforme a una ley natural como una multitud de hombres debe afanarse en la realización de los trabajos más cansados para proporcionar a otros el refinamiento y el lujo de sus vidas, pero que sólo les proporciona a ellos mismos escasas oportunidades para su propio desarrollo mental. ¿No podrá el mundo moderno desechar tal creencia, como desechó la antigua? Puede y debe.

Veremos con más facilidad cuán exageradas han sido las dificultades existentes para la eliminación de las circunstancias características que han determinado la suerte de las clases obreras, en el sentido más estricto de este término, si nos permitimos una pequeña licencia. Permitámonos describir la situación de un Estado que haya podido remover tales circunstancias. Adelantaríamos mucho en nuestro propósito si consiguiéramos idear un país que no tenga en su seno las semillas de su ruina moral y material, que fuera vigoroso y pleno de vida saludable.

La idea que podemos formarnos se parecerá en muchos aspectos a aquella que nos muestran algunos socialistas, quienes atribuyeron a todos los hombres una capacidad ilimitada para desarrollar aquellas virtudes personales que encontraron en sí mismos, y quienes llevaron su atrevimiento a sugerir procedimientos que siempre han sido insuficientes y que no en pocas ocasiones han resultado perniciosos; y digo que proceden atrevidamente porque su inteligencia no estaba entrenada y porque su propio espíritu estaba absorbido por la conciencia de la grandeza de sus propósitos. El recuerdo de estos hombres ha sido despreciado por todos, con excepción de unos pocos; entre estos pocos figuran quizá todos aquellos que han estudiado detenidamente el hondo y primitivo sentido poético de sus creencias. Los planes ideados por los socialistas entrañaban una subversión de las condiciones actuales, de acuerdo con los cuales cada hombre elige su trabajo y su remuneración está fijada por el juego de la libre competencia; y sus planes han fracasado.

Pero el cuadro que queremos imaginarnos no exige subversión alguna. Todo lo que se requiere es que nadie tenga una ocupación que le impida ser un caballero.

Hemos visto como, en la actualidad, los caballeros desempeñan trabajo manual desagradable siendo pagados a precios de competencia. Es cierto que tal trabajo supone algún entrenamiento mental y que el ambiente que rodea a quienes lo realizan es un ambiente refinado; pero, como el cerebro no puede estar siempre en plena acción, resulta evidente que, siempre que se conserve tal ambiente, no necesitamos excluir de nuestro proyecto de nueva sociedad ni siquiera el trabajo manual y desagradable que no proporcione ningún entrenamiento de las facultades mentales. Una ejecución moderada de este tipo de trabajo no es incompatible con el refinamiento. Un trabajo de tal clase lo tiene que hacer cada dama que tome parte en las tareas de un hospital, pues ve que es necesario hacerlo y no lo rehuye por considerar que si lo hace deja de ser una señora. Es bien cierto que un hombre educado no aceptará voluntariamente semejante trabajo a base de remuneración, pues, en general, puede obtener una paga mayor realizando un trabajo para el que se tenga en cuenta el entrenamiento de sus facultades mentales, y porque, como sus compañeros en tal tipo de trabajo serían gente poco educada, esto le acarrearía molestias y le haría perder categoría social. Pero, por la misma naturaleza de las circunstancias que suponemos han de presidir nuestra proyectada sociedad, tales motivos no existirían en ella. Un hombre educado que tomase parte en la realización de cualquier trabajo rudo que fuera preciso realizar en tal país, se encontraría con que dicho trabajo está muy bien pagado, porque sin un buen jornal nadie lo haría, y con que sus compañeros serían tan refinados como él mismo y disfrutarían de posición social similar, por lo que no tendría que soportar molestias de ningún género. Todos necesitamos, en beneficio de nuestra misma salud, una o dos horas diarias de ejercicio físico, durante las cuales descanse el cerebro, y por tanto, en general, unas pocas horas más de tal tipo de trabajo no causarían gran perturbación en nuestra verdadera vida.

Comprendemos entonces con gran claridad cuáles serían las condiciones en que nuestro soñado país debería iniciar su existencia. Podemos enumerarlas de la manera siguiente. Tendrá que poseer cierta riqueza natural y una población que no sea normalmente grande. Todos tendrían que recibir una educación completa en su juventud, y el período docente sería largo. Nadie tendría que realizar cada día un trabajo manual que le dejara poco tiempo, o en malas condiciones, para disfrutar durante la tarde de actividades intelectuales o artísticas. Puesto que nada tendería a hacer que un individuo fuera ordinario o falto de refinamiento, tampoco habría ningún motivo para que la sociedad fuese ordinaria o careciera de refinamiento. Evidentemente, en toda sociedad pueden existir tendencias mórbidas excepcionales, pero como toda persona estaría rodeada desde el momento de su nacimiento por casi todas las influencias que en la actualidad caracterizan las ocupaciones de un caballero, ninguno podría acusar a nadie más que a sí mismo si no consiguiera serlo. Esta es, pues, la condición que descubriríamos en nuestro país soñado la primera vez que lo viéramos. Pero debemos investigar si tal condición puede subsistir. Examinemos los obstáculos que pueden suponerse que existen para su mantenimiento.

Puede argüirse en primer lugar que un gran descenso en el número actual de horas de trabajo manual impediría a la industria de un país cumplir con su cometido, de manera que no podría sostenerse el nivel de riqueza del mismo. Esta objeción es un ejemplo de la dificultad que tenemos para ver la realidad de las cosas con que estamos familiarizados. Todos sabemos que las invenciones y el progreso de las ciencias han multiplicado enormemente la eficacia del trabajo durante los últimos cien años. Todos conocemos que, incluso en la agricultura, se ha incrementado mucho el rendimiento de la mano de obra, y muchos hemos oído decir que si los labradores llegaran a poseer los pequeños conocimientos que pueden ya hoy obtenerse, la totalidad de los productos que se consumen en un país tan densamente poblado como Inglaterra podrían cosecharse dentro de sus fronteras con un empleo de mano de obra proporcionalmente menor del que hoy se necesita. En muchas otras ramas de la producción el incremento en el rendimiento de la mano de obra ha sido casi incalculable. Veamos, por ejemplo, una fábrica de hilados de algodón. Hay que descontar los gastos necesarios para fabricar las máquinas y para que éstas se muevan; pero, una vez conseguido esto, vemos cómo un obrero que trabaja en ellas hila a una velocidad más de tres mil veces superior al máximo que podría lograr trabajando a mano. Con tales cifras a la vista ¿podemos imaginar que los recursos del mundo llegarían a agotarse en el caso de que redujéramos a la mitad las horas de trabajo, y crecer al mismo tiempo que nuestros antepasados obtenían medios bastantes para su adecuada subsistencia? ¿No llegaríamos a la conclusión de que todas las noticias que nos han llegado de los hombres que vivieron y progresaron antes de la invención de las máquinas de vapor son un mito? Pero, además de todo ello, el único tipo de trabajo excluido de nuestra imaginada sociedad es aquel que conduce a un estancamiento del desarrollo mental, el que impide a los hombres que abandonen las viejas y estrechas rutinas de pensamiento y sentimiento y lleguen a obtener conocimientos más extensos, gustos más elevados e intereses más comprensivos. Hoy es el citado estancamiento casi la única causa de su indolencia. Si se suprime, y el trabajo se aplica adecuadamente, el empleo vigoroso de sus facultades ha de ser la finalidad principal de todo hombre. El trabajo total que se realice por habitante ha de ser mayor que ahora. Menos trabajo se aplicará directamente al aumento de la riqueza material, pero mucho más se aplicará indirecta y eficazmente a dicho fin. Saber es poder, y el hombre tendrá conocimientos. Aumentará el número de invenciones y éstas serán rápidamente adoptadas. Todo trabajo será especializado y no habrá beneficio al emplear a los hombres en tareas que no requieran habilidad especial. El trabajo que el hombre obliga a realizar a las fuerzas de la naturaleza, en vez de ejecutarlo él, sería así incomparablemente mayor que ahora. En la rivalidad entre el empleo de los músculos del hombre y las fuerzas naturales, la victoria sería de estas últimas. Tal rivalidad ha durado mucho tiempo simplemente porque la oferta de nueva fuerza muscular sólo capaz de luchar contra la naturaleza ha sido abundantísima, mientras que la oferta de inteligencia capaz de dirigir a la naturaleza ha sido escasa. Recordemos que, incluso con la imperfecta maquinaria que ahora tenemos, una libra de carbón puede elevar un peso de cien libras a una altura de 12.000 pies, y que el trabajo diario de un hombre no puede exceder tal resultado aunque se le convirtiera en polvo y transformáramos la vida del mismo en un esfuerzo mecánico puro. Recordemos que una marea ordinaria, al llenar y vaciar de agua un depósito de una milla cuadrada de superficie, incluso si nueve décimas partes de su fuerza se desperdician por imperfección de la maquinaria utilizada, realiza el trabajo que en un día tendrían que verificar los músculos de cien mil hombres.

Pero puede alegarse también, en segundo término, que la reducción de las horas de trabajo arruinaría el comercio exterior de un país. Tal doctrina puede encontrar su base en las frases de algunos de nuestros políticos, incluso de los tiempos más recientes. Pero es una falacia. Contradice una proposición que nadie que haya pensado sobre estas materias puede atreverse a negar deliberadamente, una que está tan bien formulada y rigurosamente probada como cualquier otra del propio Euclides: la de que los salarios bajos, si son comunes a todas las ocupaciones, no permiten a un país vender por bajo de los precios de otro cualquiera. Un alto nivel de precios, o una reducción de las horas de trabajo, si es común a todas las industrias, no determina que otros países puedan vender por bajo de sus precios, aunque si afectase sólo a algunas industrias sí determinaría el que otro país pudiese vender por bajo de los precios de las mismas.

Puede existir, no obstante, un peligro en la elevación de los salarios o en la reducción de las horas de trabajo. Si el nivel de ganancias se redujera a causa de ello el capital experimentaría la tentación de emigrar. Pero el país que imaginamos podría estar defendido especialmente contra este peligro. En principio, sus obreros serían muy especializados. La historia del progreso industrial en Inglaterra y en todo el mundo prueba que, a base de un número fijo de horas de trabajo, el capitalista puede permitirse el pago de cualquier salario, por alto que éste sea, para conseguir una mano de obra especializada. Pero esta mano de obra, en parte como causa y en parte como consecuencia de su propia habilidad, no suele trabajar muchas horas en un día laborable, y por cada hora que permanece parada la incansable máquina que ella utiliza el capitalista experimenta una pérdida. En el tipo de sociedad que imaginamos las horas de trabajo serían muy pocas, pero esto no quiere decir que las de las máquinas lo fueran también. Los obstáculos que en la actualidad se oponen a la adopción general del sistema de trabajos por turnos o relevos se deben, en parte, al egoísmo ignorante de los obreros, en parte a su falta de cuidado y de interés por la maquinaria, pero, principalmente, al hecho de que con las horas de trabajo actuales unos obreros tendrían que comenzar su jornada muy pronto y otros terminarla muy tarde. Pero en nuestra sociedad no sucedería nada semejante. Cada hombre no tendría que realizar, en general, un trabajo manual más que de seis horas al día. De esta manera una tanda de obreros trabajaría acaso de seis a nueve y media de la mañana y de dos a cuatro y media de la tarde, y otra tanda de diez a una y media de la mañana y de cinco a siete y media de la tarde. En los trabajos pesados existirían tres tandas y cada una trabajaría cuatro horas. Pues no podemos suponer que un hombre educado consentiría trabajar, fuese cual fuere la retribución que reciba, en una tarea física que le agotara hasta el punto de paralizar sus facultades mentales. Un trabajo tan fuerte tendría que estar bien pagado y, si fuera preciso, podría aumentar sus ingresos realizando un trabajo más liviano durante algunas otras pocas horas del día.

Pero existe aun otra razón especial para que los capitales no emigren de nuestro país imaginario. Todas las industrias podrían ser dirigidas en parte por capitalistas con obreros alquilados que trabajaran bajo su dirección. Pero en muchas de ellas la producción sería llevada a cabo, como Mill y su esposa lo han profetizado, por "asociaciones mutuas de trabajadores a base de igualdad, poseyendo colectivamente el capital preciso para llevar a cabo sus operaciones, y cuyo trabajo fuera dirigido por gerentes elegidos y que puedan ser sustituidos por ellos mismos". Puede contestarse diciendo que ya se ha intentado concretar tal tipo de empresas y que muy raramente han logrado tener éxito. Pero no se han intentado sino asociaciones entre hombres relativamente ignorantes que no eran capaces ni siquiera de hacer los cálculos financieros que son precisos en todo negocio amplio y complejo. Lo que debe intentarse son asociaciones entre hombres tan cultivados como puedan ser los fabricantes actuales. Tales asociaciones no pueden fracasar, y no existe riesgo de que pierdan el capital que les pertenezca.

Igualmente puede hacerse la objeción de que sería imposible mantener el alto nivel de educación que hemos atribuido a nuestra sociedad. Y afirmarse que algunos padres pueden descuidar el cumplimiento de sus deberes respecto a sus hijos. Entonces, puede volver a surgir una clase de obreros no especializados, que compitan por realizar los trabajos más rudos, y dispuestos a sacrificar los medios de adquirir y conservar su propia educación al deseo de obtener mayores jornales y placeres físicos. Esta clase podría formar familias imprevisoramente; un aumento de población podría conducir a una disminución de los medios de subsistencia; crecería asimismo la dificultad para proporcionar una educación adecuada, y la sociedad retrocedería hasta llegar a una situación semejante a la actual, en que el hombre, en general, olvida, antes de casarse, su deber de prever las necesidades físicas y mentales de sus hijos y, por tanto, obliga a que la naturaleza, con sus tristes pero duros medios, corte las vidas infantiles antes de que crezcan para ser pasto de la miseria. Este es el mayor peligro que debemos temer. Pero incluso este peligro no es tan grande como parece. Un hombre educado no sólo debe tener un alto concepto de sus deberes respecto a sus hijos, sino que debe ser sensible a la degradación social en que tanto él como ellos pueden caer si fracasa en la comprensión de sus deberes. La sociedad debe estar alerta a su propio peligro si fracasa, y debe castigarlo como una forma de traición contra el Estado. La educación debe mantenerse a prueba de todo fracaso. Cada hombre, antes de casarse, debe prepararse para sufragar los gastos de la educación de toda su familia, ya que no podrá, aunque lo desee, eludir el pago de tal gasto. La población tendría, por tanto, que ser reducida dentro de límites adecuados. Así tendrían que mantenerse todas y cada una de las condiciones que son necesarias para la continua y progresiva prosperidad del país que hemos imaginado. Aumentaría su riqueza natural y mental. Con facultades mentales vigorosas hay actividad continua. El trabajo, en el mejor de los sentidos, el empleo enérgico y sano de las facultades, es el objeto de la vida, es la vida misma. Y en tal sentido cada uno sería un trabajador más completo que ahora. Pero los hombres ya no realizarían labores físicas hasta el punto de anular sus mejores energías. En el mal sentido en que el trabajo destroza la vida de un hombre, el trabajo sería considerado como un gran error. Las actividades vigorosas del pueblo continuarían creciendo incesantemente y en cada generación sucesiva iría siendo siempre una verdad más cierta la de que cada hombre es un caballero en virtud de sus ocupaciones.

Una vez alcanzado tal grado de perfección social en un país, sería preciso sostenerlo. El país tendría asimismo unas condiciones vitales mucho más desarrolladas que cualquier otro. ¿No es, pues, razonable pensar que todo intento de lograr tales condiciones es también vital? ¿Y si echamos una mirada a nuestro alrededor, no nos encontramos con que marchamos firme, aunque lentamente, hacia tal fin? Todos los rangos de la sociedad se van elevando; en general, todos son mejores y más adecuados que sus antepasados; su avidez para aprender no es inferior, y son mucho más poderosos para sufrir y más aun para reprimirse. Leamos los crímenes, producto de la ignorancia, que acompañaban a todo movimiento popular hace algunas generaciones, y veamos cómo ahora el pueblo expresa su voluntad en reuniones donde reina el orden más perfecto. A nuestro pueblo nunca le ha faltado una base amplia de fuerza moral, pero merced a la educación, su fuerza moral cobra nueva vida. Contemplemos la magnífica conducta de los artesanos de Lancashire durante la llamada hambre del algodón. En tiempos anteriores, de ignorancia general, hubieran luchado violentamente contra lo inevitable, pero ahora sus mayores conocimientos los han contenido y han sabido sufrir con entereza constante. Pero hay más aun; los ejércitos del Norte destruían el algodón del que dependía su pan y, sin embargo, firmes en su lucha contra la esclavitud, nunca vacilaron. Oigamos la respuesta que el presidente Lincoln dio al mensaje de simpatía que ellos le enviaron: "En las circunstancias presentes, no puedo sino considerar vuestras decididas declaraciones como un ejemplo de sublime heroísmo cristiano que no ha sido superado en ningún tiempo ni en ningún país".

Y así es. En todas las épocas de la historia, la gente disfruta al oír cuentos provocativos que denuncian algún retroceso local o parcial; pero si consideramos los hechos generales de la historia, nos encontramos con un progreso evidente. Del de los artesanos ya hemos hablado, de cómo van mejorando, cómo algunos se van convirtiendo en caballeros, en el verdadero sentido de la palabra. Algunos de ellos, sin duda, estiman esto en muy poco, en poco más de la posibilidad de convertirse de vez en cuando en elegantes máquinas transeúntes que exhiben los pequeños triunfos del sastre y el camisero. Pero muchos han llegado a ser verdaderos artistas que sienten el orgullo de las glorias de su arte y que son ciudadanos conscientes y hombres corteses, tranquilos, atentos, capaces e independientes. Incluso si nos fijamos en los más rudos campesinos encontramos algo que contraponer a su tendencia a la bebida y a las diversiones groseras. Tales hábitos fueron, hasta hace poco tiempo, comunes también entre los labradores ricos. Pero éstos tenían en sí mismos la semilla de cosas mejores, y en cuanto una nueva época amplió y elevó sus intereses abandonaron los viejos y mezquinos vicios que hasta entonces les habían atraído. Aun los mismos carboneros van evolucionando en el mismo sentido. Una serie de informes bien estudiados, hechos por hombres imparciales, prueban que, en general, sus vicios han disminuido y sus virtudes aumentado. Y la última Comisión parlamentaria ha demostrado que una de las más sólidas bases ha sido la mejoría de sus habitaciones y que están aprendiendo ya a sentirse orgullosos de sus hogares y a encariñarse con ellos.

¿Cuáles son, pues, los límites a la rapidez de nuestro progreso? ¿Qué lo facilita y qué lo perjudica? La historia nos muestra que a base de energía solamente puede construirse en poco tiempo un magnífico edificio. Hace dos siglos Inglaterra exportaba primeras materias en lugar de productos manufacturados, no poseía habilidad mecánica y atraía constantemente a obreros extranjeros para vencer sus propias dificultades en este aspecto. Hace un siglo la agricultura de las tierras bajas de Escocia parecía tan atrasada como la que más lo estuviera en Europa. Y ahora constituye un modelo para todo el mundo. Véase que en su mayor parte de las rudas e ignorantes poblaciones de las ciudades mercantiles de Italia y los Países Bajos fue de donde surgió el arte que deslumbró a la Europa de la Edad Media. ¿Por qué, pues, la energía de nuestras clases obreras no ha de conducirnos hacia un rápido y brillante progreso, una vez que se canalice en la debida dirección?

¡Ah!, he aquí un gran inconveniente: una de las primeras aplicaciones que hacemos de nuestros crecientes conocimientos es, y deber ser, la de salvar de la miseria y de la enfermedad a las multitudes que hace pocos años hubieran sucumbido bajo su influencia. Como resultado de ello, la población aumenta incesantemente. El principio de que cada padre debe procurar para sus hijos un destino en la vida, mejor y más feliz de lo que ha sido el suyo, apenas ha sido comprendido. Los hombres que han sido educados "de cualquier modo", para citar su propia expresión, se contentan con que sus hijos sean educados, igualmente, "de cualquier modo". Se mantiene así una oferta constante de mano de obra no especializada, que no tiene sino su fuerza física a disposición de la sociedad, y que se ofrece sin límite ni reserva. La competencia que de ello se deriva traba las ruedas del progreso y lo perjudica perpetuamente. El primer paso es, pues, hacer desaparecer esta competencia. Ello es difícil, pero tiene que hacerse. Sería un empeño vano predicar a los obreros que deben mejorar su capacidad en tanto que nosotros no mejoremos la nuestra; se reirían de nosotros, o acaso les irritaríamos. Pero, apliquémonos todos la misma medida. Establezcamos el siguiente principio de acción para todos: *así como un hombre que ha tomado dinero a préstamo está obligado a devolverlo con intereses, de la misma manera está obligado a dar a sus hijos una educación mejor y más completa de la que él mismo recibió.* Esto es lo que está obligado a hacer. Y confiemos en que muchos harán más de aquello a que están obligados.

¿Y qué es lo que la sociedad está obligada a hacer? Está obligada a lograr que ningún niño crezca en la ignorancia, útil sólo para ser una máquina productora pero incapaz de ser un hombre; bajo y limitado en sus pensamientos, en sus gustos, en sus sentimientos, en sus intereses y en sus aspiraciones, y que en todos los aspectos rebaje y limite a sus propios vecinos. La sociedad debe obligar a los niños, y ayudarlos, a que asciendan los primeros peldaños de su educación, y debe ayudarlos, si ellos quieren, en el resto de su proceso ascendente. Si el desarrollo mental del hombre y su cultivo espiritual son el fin de la vida, y si la riqueza material, las casas y los caballos, las alfombras y la cocina francesa, son únicamente los medios, ¿qué pérdida pecuniaria puede compararse con la ventaja de educar a toda la nación? Es cierto de manera absoluta que, a menos que podamos obligar a los niños a ir a la escuela, no lograremos evitar que una multitud de ellos tengan que llevar una vida de ignorancia tan completa que sólo puede conducir a su embrutecimiento y degradación. No es posible negar que sólo un internado puede salvar de la ruina a aquellos niños cuyos padres son adversos a que reciban educación; ni que, al menos en nuestras ciudades, existen muchos a quienes no les alcanzarían los beneficios de un sistema voluntario. Y, sin embargo, es asombroso encontrar, en toda la extensión de nuestro país, que algunos de los que más empeño tienen en que se enseñe la Biblia son los más opuestos a que el Estado, que ha invertido provechosamente su capital instalando el telégrafo, se aventure a invertir su riqueza en hombres; y son quienes están decididos a aconsejar que nadie se precipite a pagar una modesta contribución de unos peniques en cada libra para tal fin. Yo sólo propondría que, para ser consecuentes, tales personas deberían enseñar una edición expurgada de la Biblia, en la que se suprimiera toda página donde esté implícito que la riqueza material debe ser menos importante que el cultivo del propio hombre, el alimento de su vida interior. No sería muy difícil, pues no quedarían muchas páginas que poder enseñar.

Más, en verdad, tanto el bienestar material como el espiritual constituirán la recompensa de aquel país que por medio de la acción pública y privada dedique todas sus energías a elevar el grado de cultura de su pueblo. La diferencia entre el valor del trabajo del hombre educado y el del ignorante es, en general, varias veces superior a la diferencia entre los costes de sus educaciones respectivas. Si la diferencia entre el valor del trabajo hecho por un caballo bien criado y el de otro hecho por uno mal criado es mucho mayor que la que existe entre los costes de su crianza ¿hay alguna duda de que el bien criado acabará por desplazar al otro? Ningún individuo cosecha el beneficio completo que se deriva de educar bien a un niño, de avanzar un paso hacia la sustitución de la raza de obreros ignorantes por otra de obreros educados. Pero si el Estado trabaja por tal fin, el Estado sí ganará. Si todos trabajamos juntos con tal finalidad, el beneficio será para todos. Así se vencerán todos los obstáculos e inconvenientes que se oponen a que obtengamos la condición social que hemos descrito –condición que, si bien es difícil de alcanzar, es fácil de mantener–, en la que las energías y actividades de cada hombre serán desarrolladas completamente; condición en la que los hombres no trabajarán menos que ahora, aunque no trabajarán más, pero en la que –utilizando una buena y antigua sentencia– la mayor parte de su trabajo será un trabajo que se desee hacer, un trabajo que, sea o no retribuido, nutrirá y entrenará sus propias facultades. El trabajo manual llevado hasta el exceso de dejar pocas oportunidades al libre desarrollo de las facultades naturales, será el único que no se realice, pero es, precisamente, el que no se debe realizar. Y en tanto se considere que las clases obreras las integran los hombres que realizan trabajo tan excesivo, dichas clases habrán sido abolidas.

Una investigadora en los inicios de la sociología: Beatrice Webb

1/ Pasión y oficio en la fundación de la sociología[1]

Juan José Castillo

El nombre de Beatrice Webb, ya sea sola o acompañada de su marido, Sidney, e incluso bajo su nombre de soltera, Beatrice Potter, no suele aparecer cuando se hace balance de nuestros clásicos, o se revisa nuestra herencia y patrimonio como sociólogos. Y, sin embargo, la historia e institucionalización de la sociología, e incluso más ampliamente de las ciencias políticas y de la economía, no sólo están vinculadas a su nombre sino que hallarían difícilmente explicación sin ella[2].

En el importante y decisivo *momento* para la orientación actual de las ciencias sociales en general, pero más específicamente de la Sociología del Trabajo, que fue lo que he llamado en otro lugar la "situación 1960"[3], el *British Journal of Sociology* dirá que para 1898, fecha de la publicación de *La democracia industrial* por los Webb, y diez años después de la publicación del "Diario de una investigadora", se había asistido a la creación, a la fundación sobre sus bases empíricas y teóricas, de "una nueva sociología"[4].

De hecho, Nathan Glazer, analizando en 1959 "la aparición de la investigación social en Europa", dedica una cuidada atención al trabajo de socióloga de Beatrice Webb, cuando aún se apellidaba Potter, y a su participación en la gran investigación dirigida por Charles Booth, *Vida*

---

1 Publicado en *Revista Española de Investigaciones Sociológicas*, 2001, n. 93, pp. 183-187.

2 Véase L. McDonald, "Classical social theory with the women founders included", 1995.

3 Castillo, *Sociología del trabajo: un proyecto docente*, 1996.

4 T. Simey, 1961, p. 121.

y trabajo de los obreros de Londres, a la que he dedicado atención en una presentación anterior[5].

Para Glazer, "el libro más importante para entender el despegar del enfoque científico social contemporáneo es *Mi aprendizaje*, de Beatrice Webb"[6].

Esta autobiografía, basada en los diarios de Beatrice, es un auténtico éxito literario, que continúa reimprimiéndose hoy en día. En ella podemos encontrar una de esas escasísimas joyas que permiten la reconstrucción de una vida y, sobre todo, para lo que aquí nos importa, de una experiencia iniciática, para ver de qué modo se da la formación de una capacidad de analizar la sociedad, como le gusta tanto decir: *creed and craft*, pasión por la reforma social, y oficio de investigador que se adquiere con la reflexión teórica puesta a prueba con la investigación concreta, directa, no delegada ni mediada. "Beatrice Potter desarrrolló gradualmente el sentimiento de que ella debía ver por sí misma cómo eran los objetos de su interés y compromiso", esto es, los trabajadores y trabajadoras[7].

En *Mi aprendizaje* se recogen con detalle la formación y las lecturas de Beatrice, la influencia tan próxima de Spencer en su primera formación, y su posterior ruptura con el individualismo spenceriano, junto con la presentación y reflexión sobre su propia aproximación a la realidad social, para comprenderla, entenderla y, eventualmente, transformarla.

"Páginas del diario de una chica trabajadora", como se llamó el texto que reproducimos a continuación en su edición original, es un momento especialmente fundante en su formación como socióloga, puesto que forma parte de un conjunto de prácticas de investigación que darán lugar a una serie de publicaciones sobre problemas y sectores conexos: los estibadores de Londres, el sector de la confección de prendas baratas, o la vida de la comunidad judía en Londres, paso absolutamente imprescindible para poder dar cuenta del *sweeting system*.

Este proceso de elaboración, que forma parte de la investigación colectiva liderada por Charles Booth[8], permitirá a Beatrice disponer de

---

5   Castillo, "En la jungla de lo social: Beatrice Webb, nuestra contemporánea", *Actas de las II Jornadas de Historia Económica de las Relaciones Laborales*, Sevilla, Escuela de Relaciones Laborales, 2001.

6   N. Glazer, "The rise of social research in Europe", 1959, p. 58.

7   N. Glazer, ibídem, p. 59. Y continúa "eso llevó a Beatrice Potter y Charles Booth a una implicación directa con los seres humanos que estaban dentro del problema, y hacia el intento de basar cualquier afirmación general sobre los pobres y las clases trabajadoras, en vinculación directa con ellos".

8   K. Bales, "Lives and labours in the emergence of organised social research, 1886-1907", 1999.

un censo de establecimientos fabriles, de análisis que hoy llamaríamos secundarios, sobre un conjunto de informaciones que son, sin duda, el mayor esfuerzo investigativo acerca de la pobreza en Londres (y en el mundo: el "modelo Booth" se extenderá especialmente en Estados Unidos), en el cambio del siglo XIX al XX.

Por ello, y puesto que esta pieza sociológica se presenta aquí aislada, conviene recordar que lo que la hará meritoria de su reproducción como clásico, es precisamente su llamada de atención hacia el hecho de la interdependencia entre todas las fases de la investigación social. Así lo destacará Buford Junker en su clásico *Field work*, en 1961, incluyendo una reflexión más desarrollada, pero establecida ya en sus fundamentos por Beatrice debido a las fechas en que escribe este texto: debe ser la misma persona, sin división del trabajo, quien planifique, elabore y analice los resultados, si se quiere que las ciencias sociales desarrollen su capacidad de entendimiento de la realidad social[9].

La autora recuerda, en la nota final de su artículo, el conjunto de textos que lo enmarcan, y cuyas referencias originales se incluyen en la bibliografía que acompaña a esta presentación. Si el espacio lo hubiera permitido, el artículo "Cómo acabar con el *sweeting system*", su intervención en junio de 1892 en el Congreso de las Sociedades Cooperativas, habría sido un buen contraste con el fragmento de "diario de campo" aquí presentado. Diario que pertenece más a la "cocina de la investigación", a la voluntad de mostrar las herramientas y las dificultades de un oficio que sólo se aprende, como todos, haciéndose.

Una reflexión de conjunto sobre la propia experiencia de investigación de los esposos Webb, que es a la vez una propuesta metodológica y epistemológica, es la recogida en su libro de 1932, *Métodos de estudio social*, cuya edición de 1975 lleva una espléndida introducción de T. H. Marshall. Pero, para ser consecuentes con su propia propuesta –lo que podríamos llamar "el enfoque de los Webb", o como ellos dijeron en algún momento "la especialidad de la casa Webb"–, conviene enviar al lector a los propios productos de investigación, a los libros y artículos publicados. A su obra en general, pero más específicamente, a la publicada en esos diez primeros años que median entre el "Diario de una investigadora", 1888, y *La democracia industrial*, 1898.

---

9 B. Junker, *Field work*, 1961, pp. 205 y 163. Para una elaboración temprana de esta perspectiva véase el apéndice a *My apprenticeship*, edición 1938, pp. 464-469, "Personal observation and statistical enquiry", donde propone, "hand in hand", la "quantitative observation of aggregates", y la "qualitative observation of units".

De esta última se ha escrito, para subrayar su carácter de obra maestra, que "toda la historia del sindicalismo británico ha sido una nota a pié de página a los Webb"[10]. Para remachar más adelante que

> *La democracia industrial* es el libro más completo y original que se haya escrito jamás sobre los trabajadores ingleses. Su riqueza es tal que más de cien años después de su primera edición puede aún sugerir líneas frescas de investigación.

Y, para sus autores, su método se ejemplifica investigando: en *La democracia industrial*

> …hay la misma insistencia –escriben en 1898– en la unidad de los estudios sociales… su enfoque de conjunto se funda en la creencia de que las significaciones de las estructuras sociales sólo pueden ser comprendidas por una investigación directa, sistemática y laboriosa de su *comportamiento* real, tanto en el pasado como [en lo] contemporáneo[11].

Beatrice Potter había dejado escrito en su diario el porqué de su primera "salida al campo", cuando en el verano de 1883 fue por primera vez a Bacup, en Lancashire. El "Diario…", aquí publicado, es un momento intermedio en el camino hacia la reflexión que hace al hilo de una de sus obras maestras, *La democracia industrial*. Pero en esa trayectoria, a mi juicio, hay un lazo conductor, o si se quiere, como he escrito en otro lugar, un crisol, que no es otro que el trabajo de campo, el análisis teóricamente informado de la realidad social: "observar, día a día, en sus casas y en sus talleres, un número suficiente de familias de trabajadores manuales normales que me permitiera visualizar la clase como un todo"[12].

La obra de Beatrice Webb ha recibido un nuevo impulso en los últimos años con la edición crítica de sus diarios completos, y con estudios monográficos que nos devuelven la riqueza de una personalidad, junto a su marido Sidney, que ha sido una pieza fundamental en la fundación y en el asentamiento mismo de la sociología en el siglo XX[13]. La modesta

---

10 Royden Harrrison, *The life and times of Sidney and Beatrice Webb*, 2000, p. 218. La siguiente cita en p. 236.

11 Sidney y Beatrice Webb, *Industrial Democracy*, 1898, p. 281.

12 Beatrice Webb, *My aprenticeship*, edición 1938, p. 175. Se refiere al verano de 1883. J. J. Castillo, "Un camino y cien senderos: el trabajo de campo como crisol de disciplinas", 2000.

13 Destaco aquí, especialmente, dos obras: la de Nord, *The appprenticeship of Beatrice Webb*, de 1985, de la que el capítulo 6, "Social investigation", es una magnífica presentación del texto que editamos. Especialmente, p. 174. Y la más reciente de Harrison, 2000, ya citada. Sin duda la más completa y "autorizada", pues es editada bajo los auspicios de la London School of Economics.

pretensión de esta nota, y la edición en castellano de una de sus piezas metodológicas más citadas y reeditadas, es llamar la atención de nuestra comunidad científica hacia la que es, sin duda alguna, para mí, una de las "damas" fundadoras de nuestra disciplina tal y como hoy la practicamos. Leer, o releer, la obra de Beatrice Webb es, también, una buena propuesta para los sociólogos en formación: su ejemplo y su vida, su aprendizaje, pueden ser una buena guía en estos tiempos de incertidumbre.

Apenas transcurridas tres semanas desde la publicación del "Diario de una investigadora", el 5 de mayo de 1888, hizo esta anotación en su diario:

> ...me encanta la vida de la gente en el East End; la realidad de sus esfuerzos y metas; la simplicidad de sus penas y alegrías; creo que puedo dar cuenta de ellas y dar cuenta del lado trágico al igual que del cómico. Hasta cierto punto puedo captar las fuerzas que mueven arriba y abajo, creciendo o hundiendo, a este amplio conjunto de seres humanos. El costosísimo estudio de detalle ayudará al conocimiento del todo, hacia lo cual estoy siempre avanzando. Dejaré escalones tallados en la roca, y desde su cima la humanidad podrá al fin dibujar la tierra conquistada de la vida social[14].

Referencias bibliográficas

BALES, Kevin (1996): "Lives and labours in the emergence of organised social research, 1886-1907", *Journal of Historical Sociology*, vol. 9, n. 2, junio, 113-138 pp.

BOOTH, Charles (1903): *Life and labour of the people of London. Final volume: Notes on social influences and Conclusion*, Londres, MacMillan, 451 p.

CASTILLO, Juan José (2000): "Un camino y cien senderos: el trabajo de campo como crisol de disciplinas", *Revista de Antropología Social*.

COLE, Margaret (1961): "The Webbs and Social Theory", *The British Journal of Sociology*, vol. XII, n. 2, junio, 93-105 pp.

GLAZER, Nathan (1959): "The rise of social research in Europe", en Daniel Lerner (ed.): *The human meaning of the social sciences*, Cleveland y Nueva York, The World Publication Company, 43-70 pp.

HARRISON, Royden J. (2000): *The life and times of Sidney and Beatrice Webb. 1858-1905: the formative years*, Londres, Macmillan, 397 p.

JUNKER, Buford (1960): *Field work. An introduction to the social sciences*, Chicago, The University of Chicago Press. [Second impression, 1962], 208 p.

McDONALD, Lynn (1995): "Classical social theory with the women founders included", consultado como *paper*. Ahora incluido en Charles Camic, *Reclaiming sociological classics*, Oxford, Blackwell, 1997.

---

14 Beatrice Webb, *My apprenticeship*, p. 320. La presentación de todos los preparativos para el trabajo de campo, su entrenamiento previo como pantalonera, y el conjunto de notas de trabajo, se recogen en la obra mencionada, pp. 311-344.

NORD, Deborah Epstein (1985): *The apprenticeship of Beatrice Webb*, Londres, Macmillan, 285 p.

PALMER, Vivien M. (1928): *Field studies in sociology. A students manual*, Chicago, The University of Chicago Press. [Second impression, 1929], 281 p.

POTTER, Beatrice (1887): "The docks", in Ch. Booth: *Life and labour of the people of London. First Series: Poverty (4)*, Londres, MacMillan, 1902 [Publicación original, 1889], 12-36 pp. [Reimpreso con autorización del editor de *Nineteenth Century*].

—— (1888): "The tailoring trade", in Ch. Booth: *Life and labour of the people of London. First Series: Poverty (4)*, Londres, MacMillan, 1902 [Publicación original, 1889], 37-68 pp. [Reimpreso con autorización del editor de *Nineteenth Century*].

—— (1889): "The jewish community", in Ch. Booth: *Life and labour of the people of London. First Series: Poverty (3)*, Londres, MacMillan, 1902 [Publicación original, 1889], 166-192 pp.

SIMEY, T. S. (1961): "The contribution of Sidney and Beatrice Webb to Sociology", *The British Journal of Sociology*, vol. XII. n. 2, junio, pp. 106-123. [Publicado en español, en *Sociología del Trabajo*, nueva época, n. 50, invierno 2004, 35-57 pp., "La contribución de Sidney y Beatrice Webb a la sociología"].

WALLERSTEIN, Immanuel (ed.) (1998): *The heritage of sociology and the future of the social sciences in the 21st. century*, monográfico de la revista *Current Sociology*, vol. 46, n. 2, abril, 144 p.

WEBB, Beatrice (1926): *My apprenticeship*, with an introduction by Norman MacKenzie, Cambridge University Press-London School of Economics,1979, i-xxxix+ 429 p. [Edición original, 1926].

—— (1938): *My apprenticeship*, Harmondsworth, Penguin-Pelican, 2 vols., 503 p.

—— (1982): *The Diary of Beatrice Webb. Volume one, 1872-1892: Glitter around and darkness within*, Londres, Virago in Association with The London School of Economics and Political Science, 386 p. [Edited by Norman and Jeanne MacKenzie].

WEBB, Sidney y Beatrice (1920): *Historia del sindicalismo, 1666-1920*, Madrid, Ministerio de Trabajo, 1990, 775 p. [Edición original, 1894; esta edición reproduce la de 1920].

WEBB, Sidney y Beatrice (1898): *Industrial Democracy*, Nueva York, Augustus M. Kelley Reprints, 1965, 929 p. [Edición original, Londres, 1898; esta edición reproduce la de 1920, con los prólogos de la edición de 1902 y 1920]. Publicada en español, Madrid, Biblioteca Nueva-Fundación Largo Caballero, 2004, en edición preparada por Juan José y Santiago Castillo.

WEBB, Sidney y Beatrice (1898b): *Problems of modern industry*, Londres, Longmans, Green and Co., 286 p.

WEBB, Sidney y Beatrice (1932): *Methods of social study*, Londres, London School of Economics and Political Science-Cambridge University Press, 1975 [Edición original, 1932], 263 p. [With an introduction by T. H. Marshall].

2/ Diario de una chica trabajadora (1888)[1]

Beatrice Webb

Es medio día. Los rayos del sol golpean ferozmente sobre las callejuelas del asentamiento judío: el aire es húmedo debido a las abundantes lluvias. Un vapor desagradable emana del pisoteado fango de las calles del *East End* y se mezcla con los fuertes olores del pescado frito, las verduras descompuestas y de la carne vieja que confirma su presencia a los ojos y fosas nasales de los transeúntes.

Durante un breve intervalo se ha parado el «zumbido» de las máquinas de coser y el sonido sordo del hierro de las planchas. Maquinistas y planchadores, bien vestidos y luciendo pesadas cadenas de reloj; chicas judías con sombreros deslumbrantes, rellenitas y de un marcado contoneo; inmigrantes polacos de miradas furtivas con sus pálidos semblantes y sus formas encogidas. Y por todas partes mujeres cristianas golpeadas por la pobreza, todas con prisa, que van o vienen de almorzar; mientras los patronos, con sus mujeres e hijas, están sentados o rondan por la puerta de la casa e intercambian comentarios sobre la incompetencia de los «temporeros», el bajo precio del trabajo, el chantaje de los capataces; o

---

1 *Nineteenth Century*, septiembre de 1888. Debido al carácter anónimo de la vida del *East End* y a que no leen revistas y libros, ha sido posible publicar un puñado de páginas de mi diario privado cambiando los nombres de las calles y las empresas para no correr el riesgo de molestar a las personas implicadas. Raramente se puede llevar a la práctica la publicación de las notas privadas de un investigador. Pero, a pesar de esta dificultad, para que el estudiante «haga una copia» de cualquier aspecto de la organización social, lo encontrará de ayuda para que su trabajo científico sea más completo y real, y complementará su colección de hechos técnicos y sus tablas estadísticas con descripciones detalladas de escenas y personajes típicos para su propio uso privado. [Esta versión y título se toman de Sidney y Beatrice Webb, *Problems of modern industry*, Londres, 1898. El título original era «Pages from a work-girl`s diary», JJC. Publicado en *Revista Española de Investigaciones Sociológicas*, 2001, n. 93, pp. 189-201. Traducido por María Teresa Casado].

hablan del tema más agradable del último «negocio» en Petticoat Lane y la última apuesta en las carreras de caballos.

A empellones por la acera, no dejo de deambular buscando trabajo. Hora tras hora he recorrido las calles principales y secundarias del *ghetto* londinense. No hay notas de ofertas de trabajo excepto para una «modista competente» y en esos sitios no me atrevo a solicitar trabajo porque me siento una impostora, y ni mi conciencia ni mis dedos están endurecidos. Cada paso que doy me siento más descorazonada y más cansada físicamente. Al final, totalmente desesperada, me armé de valor. En un escaparate veo la nota de siempre, pero en la entrada veo también a una hija de Israel de aspecto alegre que parece que me invita a solicitar trabajo.

«¿Necesita una obrera?», le digo, imitando sin éxito el acento y el aire de una trabajadora, y logrando sólo una suprema incomodidad.

La judía me mira rápidamente, primero mis botas sin botones, luego mi falda corta ya desaliñada, para seguir la línea recta de mi abrigo mal hecho hasta mi caído gorro negro que no se ajusta bien debido a un mechón de pelo despeinado.

«No», responde secamente.

«Sé hacer de todo menos ojales», insisto con un tono más natural.

Me mira a la cara y duda. «¿Dónde ha trabajado?».

«En el campo», contesto vagamente.

Ella vuelve lentamente la cabeza hacia el pasillo de la casa. «Rebecca, ¿quieres ayuda?».

«El puesto se ocupó hace una hora», responde Rebecca gritando.

«Vaya, vaya, ya ve usted», dice la judía con voz despreciativa y amable mientras su cabeza se hunde en los rollos de grasa que la rodean. «Encontrará usted muchos anuncios en la calle siguiente; nadie teme a una persona joven y decente que conoce su trabajo y está al aire libre en esta época del año»; y luego, volviéndose hacia la mujer que estaba a su lado: «Es extraño encontrar una como es debido. En los últimos tres días hemos sentado a la mesa a una docena de ellas y ninguna sabía cómo hilvanar los patrones de un abrigo para coserlo en la máquina».

Animada por las últimas palabras, me di la vuelta y seguí caminando con dificultad. Pregunté en todas las casas con anuncio, pero siempre me lanzaban esa mirada escrutadora a mis ropas y me respondían las palabras fatales «¡Ya tenemos!».

¿Será porque estamos a mediados de la semana, o porque piensan que no soy una autentica trabajadora?, me pregunto. En el próximo escaparate miro nerviosamente el reflejo de mi persona y me sobresalto de mi aspecto totalmente desolador: lo bastante pobre para ser «explotada» por cualquier patrono.

«Claro, no tiene las espaldas lo suficientemente anchas para aguantar este peso», comenta una sirvienta irlandesa a su señora, cuando me alejo de la última casa que anunciaba: «Se necesita una modista competente».

Me siento terriblemente indispuesta y enferma; y soy tan consciente de mis ropas viejas que no me atrevo a pedir un refresco en una casa de comidas ni en un bar. De todas formas, tengo aire, por lo que arrastro un pie tras otro y me adentro en la calle *Hackney*. Justo frente a mí, en una tienda de ropa barata de la peor calidad, veo un gran cartel: «Se necesita urgentemente ayuda para la confección de pantalones y chalecos». De inmediato me encuentro en una sala grande de trabajo atestada de mujeres y chicas tan mal vestidas como yo. A la cabeza de una larga mesa, examinando la ropa terminada, hay una judía de rasgos duros y aspecto astuto con un vestido de terciopelo de algodón estampado y con gafas de montura de oro.

«¿Necesita pantaloneras?».

«Sí, en el interior».

«Ultimo la confección de pantalones».

La judía me examina de arriba abajo. Mi vestimenta le encaja. «Llame mañana por la mañana a las ocho en punto». Y me da la espalda para supervisar un par de pantalones que cuelgan de la mesa.

«¿Cuánto paga?», digo yo con firmeza.

«¡Toma! Según el trabajo que haga, seguro. Cualquier precio», responde lacónicamente.

«Mañana a las ocho». Y me marcho de la tienda deprisa para escapar de la mirada dura de mi futura patrona. De nuevo en la calle: la confusión mental, el dolor de cabeza y mis doloridos pies, todas las enfermedades físicas y depresiones morales que genera estar sin trabajo, parecen desaparecer inmediatamente. Por fin, tras este cansado peregrinaje, he conseguido un trabajo. La brisa fría de la tarde, la vida pintoresca y la agitada actividad de la ancha calle, incluso los sonidos y las imágenes del *East London* se suman a mi sentimiento de enorme júbilo. Sólo hay un inconveniente para estar del todo contenta: *¿Sabré yo* «terminar» pantalones?

Pocos minutos pasadas las ocho de la mañana siguiente estoy frente a «MOSES E HIJOS. ROPA BARATA». En el escaparate dos chicos colocan la ropa: abrigos y chalecos (que se venden juntos), de 17 chelines a 22 chelines; pantalones desde 4 chelines y 6 peniques a 11 chelines y 6 peniques.

«Abrigos obviamente terminados: ¿dónde y a qué precio?», medita la investigadora mientras merodea por la puerta una sirvienta.

«Mejor entre», dice amigablemente la voz de una trabajadora rozándome cuando paso. «Es usted nueva; la señora esperaba que llegase puntual».

La sigo, entramos en la tienda y luego atravesamos una tosca puerta de madera. La sala de trabajo es larga e irregular, cerca de la entrada es oscura y de techo bajo, pero al final hay una alta claraboya. Las paredes están forradas de tabla machihembrada; en un lugar destacado, enmarcado con cristal, cuelga el Reglamento de Fábricas y Talleres. Cerca de la puerta, y muy al alcance de la estufa de gas (usada para calentar las planchas), dos pequeñas mesas, pero altas, sirven de tabla de planchar; una mesa alargada y baja, con una baranda de madera para los pies, se extiende a cada lado y sillas por todas partes corren a lo largo para las terminadoras de pantalones; una mesa alta para las que hilvanan; y directamente debajo de la claraboya, dos mesas más para las maquinistas y las que trabajan en los chalecos completan el mobiliario de la habitación. Tras una puerta abierta al final del taller se puede ver la cocina privada de la familia Moses; y más allá, en un patio muy pequeño, un cobertizo y al lado de él un grifo y un fregadero para uso de todas las internas del establecimiento.

Cerca de treinta mujeres y chicas amontonadas. Las primeras cuelgan sus gorros y chales en los insuficientes clavos que hay en la madera que divide la tienda del taller; las últimas en llegar arrojan sus ropas de calle en las esquinas. Hay una algarabía de voces a medida que cada «ayudante» *[hand]* se instala frente a los instrumentos de trabajo y su vieja caja de tabaco o velas que contiene hilos, bobinas, galones, agujas, dedales y tijeras. Son todas inglesas o irlandesas salvo cerca de media docena de «jóvenes señoritas» bien vestidas (hijas de la casa), una de las cuales hace de capataz, mientras las demás ya están trabajando con los chalecos. La «señora» aún está desayunando. Pocos minutos después de media hora los dos planchadores (dos chicos ingleses, los únicos hombres empleados) deambulan perezosamente por la sala, encienden la mecha y preparan las planchas.

La capataz pide un par de pantalones ya cosidos a máquina y me los pasa. Los miro y los miro, preguntándome por dónde empezar. El trabajo difiere bastante del de la *sastrería*, para el que tengo formación: es más vulgar y no tan bien organizado. Además, no tengo ni hilo, ni bobina, ni galones. La mujer que está a mi lado me explica: «Tienes que traer los instrumentos; no nos los dan aquí; pero te presto algunos para que salgas del paso».

«¿Qué tengo que comprar yo?», pregunto, sintiéndome bastante desesperada.

En ese momento la «señora» se desliza en la habitación. Es una mujerona, con enormes caderas y muslos; tiene rasgos judíos muy marcados y, ahora me percato, está ciega de un ojo. La expresión sardónica y enigmática de su semblante me recuerda a algo lejano, hasta que recuerdo las caricaturas del gran Disraeli que venden en las tiendas de retratos del centro. Su pelo es rizado y grasiento, antaño negro y ahora con canas, con ligeros mechones rizados sobre la frente. Lleva el mismo vestido de terciopelo verde estampado con grandes flores de ayer; una pesada cadena de reloj, muchos anillos y un pulcro delantal sin manchas.

«Buenos días a todas», dice graciosamente al grupo mientras ronda nuestra mesa y viene hacia mi sitio. «Sarah, ¿le has dado trabajo a esta joven?».

«Sí», contesta Sarah, «de cuatro peniques y medio».

«No tengo herramientas de trabajo. No sabía que tenía que traerlas yo. Donde trabajaba antes nos las daban», le digo con humildad.

«Eso se arregla pronto; la tienda está justo a la vuelta de la esquina. O, Sarah», la llama desde el otro lado de la mesa, «como vas a salir, trae a esta joven sus herramientas de trabajo. La mujer que está a tu lado te dirá lo que necesitas», añade en un tono más bajo, inclinándose hacia nosotras.

La mujer que está a mi lado ya es amiga mía. Es una mujer casada, pulcra y respetable con una mirada de superioridad consciente sobre las que le rodean. Como a las demás pantaloneras, le pagan por prenda; pero a pesar de esto, está dispuesta a concederme algún tiempo para explicarme mi trabajo.

«El primer día te sientes un poco extraña. ¿Has estado mucho tiempo sin trabajar?».

«Sí», le contesto toscamente.

«¡Ah! Eso explica tu torpeza. Los dedos parecen todos pulgares después de un tiempo sin actividad».

Y ciertamente los míos han estado parados. Me encuentro nerviosa y azorada. El calor creciente de la sala, la manera en que debemos sentarnos tan pegadas unas a otras que nos obliga a ladearnos para poder mover con cierta libertad los codos; lo extraño de mi posición, todas estas circunstancias se unen para incapacitar a una verdadera costurera, incluso para el trabajo más burdo de costura. Sin embargo, por fortuna para mí, nadie me presta mucha atención. El ruido aumenta a medida que pasa la mañana. Los dos planchadores se dejan llevar por sus instintos y los dos muchachos intercambian alegremente bromas y palabras malsonantes desde la plancha (justo detrás de nosotras) con las chicas de alrededor de nuestra mesa. Ofertas de besos, afiladas imprecaciones al demonio y su morada, un uso constante y fuera de contexto del inevitable adjetivo, constituyen la conversación básica entre los planchadores y las jóvenes trabajadoras; mientras las mujeres mayores se cuchichean al oído cotilleos y novedades. Desde el final de la sala, estribillos de canciones de *music-hall* rompen el monótono runruneo de las máquinas de coser. El siguiente estribillo, algo indecente y sin ritmo,

> ¿Por qué las chicas no tienen libertad ni antes ni ahora?
> Y si a una chica le gusta un chico, ¿por qué no le hace proposiciones?
> ¿Por qué a las chicas siempre las llevan de la oreja?

parece el estribillo preferido y, a juzgar por el gusto con que lo repiten, expresa el sentimiento dominante de las trabajadoras. La señora grita una y otra vez: «chicas, cantad al unísono; no me importa que cantéis, pero cantad al unísono». Hay un constante toma y daca de herramientas de trabajo entre ellas, una supervisión general y amable del trabajo entre todas, una cordialidad verdadera bastante natural. La judía enigmática y sardónica está sentada en el extremo de nuestra mesa, examina la prenda acabada a través de sus gafas con montura de oro, y felicita o regaña según el caso; o, arrugando el ojo ciego, se suma a la charla o chistes de las trabajadoras que hay a su alrededor.

«La señora tiene dieciséis hijos», comenta confidencialmente mi amiga la Sra. Long, «ocho del Sr. Moses y ocho del patrón al que enterraron hace años. Todas las chicas que hay al final de la mesa son sus hijas».

«Son monas», digo yo con un tono de cumplido.

«Sí, es una pena que algunas de las chicas de la tienda no sean como ellas», murmura mi respetable amiga. «Hay algunas muy feas. Dios mío, mira esa joven que está riendo y bromeando con los planchadores justo detrás de nosotras», y empieza a darme detalles del vicio doméstico y del crimen no natural que deshonra la llamada vida «cristiana» del *East London*.

«¡Eh, eh!», interviene la mujer que está a su lado, interesándose por el escándalo (una mujer típica de los barrios bajos con la nariz y la piel marcadas por el alcohol), «no está bien criticar lo que os rodea en este tipo de lugares».

«Claro que no», interviene otra vez la Sra. Long, irritada tanto por el tono de superioridad como por la injustificada interrupción de su vecina de mala reputación. «He trabajado en este mismo lugar durante ocho años y nunca he discutido con nadie. Trabajas durante toda la semana y te pagan regularmente todos los sábados; y consigues dinero si haces un buen trabajo. No tienes que mezclarte con las que no te gustan», añade alejándose de modo perceptible de la mujer de los suburbios, mientras repite con fuerza las palabras «aquí hay de todo».

«Soy una de esas personas», dice orgullosamente la mujer de los suburbios, «que responde a la gente cuando me llaman la maldita palabra. Yo no llamo a nadie esa palabra».

«Yo no escojo mantener una conversación con gente como ella», dice la Sra. Long, frunciendo sus finos labios como poniendo fin a esta indeseable charla: «¡como si *yo* tuviera que trabajar para vivir! Mi marido tiene un trabajo fijo; sólo trabajo por los extras, y sólo las pocas veces, que suele ser un mes al año, en las que hay poca actividad en la construcción».

Esto calla definitivamente a la mujer de los suburbios. Su marido, ¡ay de ella!, llega a casa borracho todas las noches y se gasta los peniques que gana de vez en cuando holgazaneando en los bares (me informa después la Sra. Long). Tiene a una hija poco agraciada a su lado, con un ojo morado y la cara hinchada, con la que intercambia trabajo y un lenguaje pobre y comparte grasientas vituallas.

«La una en punto», grita una estridente voz de chico.

«Paren el trabajo», ordena la patrona.

«Me gustaría terminar este poco», digo patéticamente a mi amiga, siendo consciente de la deficiencia en cantidad, si no en calidad, de mi trabajo.

«No debes, es la hora de comer».

Los planchadores ya han dejado su trabajo, la señora y sus hijas se retiran a la cocina: filas de mujeres y chicas salen a la calle, mientras una o dos empujan cestas de debajo de la mesa y sacan paquetitos de periódicos sucios y tazas desconchadas, pedazos de pan y mantequilla, pescado salado o salchichas frías; y levantan de la cocina de gas la tetera de hojalata donde su bebida se ha estado cociendo desde las primeras horas de la mañana. Agradecida de corazón por un respiro de aire puro y un cambio de mi arrugada postura, deambulo de arriba abajo por la calle, y termino mi «hora de comer» entrando en una pulcra tienda donde me tomo un pastel y una taza de té recién hecha. De vuelta a las dos.

«Tienes que trabajar mejor», comenta la señora inspeccionando mi trabajo. Me ruborizo y tiemblo de modo perceptible cuando se clava en mí la mirada escrutadora del semblante severo de la judía. Me mira a los ojos con una expresión cómicamente misteriosa, y añade con una voz gentil: «tienes que trabajar un poco más deprisa por tu bien. Hemos visto peores ojales que éstos, pero no parece que estés muy acostumbrada a trabajar».

Ahora empieza el drama del día. Los dos planchadores se retrasan diez minutos. La ira de la judía se vuelca contra ellos. Sin embargo, parecen dominar la situación, porque contestan en un lenguaje mucho más escogido del que ha utilizado la señora, un lenguaje que, me temo, ni siquiera en un diario privado soy capaz de reproducir; defienden su derecho a llegar cuando les dé la gana; declaran que si quieren un día libre, la mandarán al infierno y se lo tomarán; y, al final, para llegar al punto álgido de los insultos, la amenazan con el «hombre de la fábrica» y se burlan de ella diciéndole que se juega en las carreras de caballos el dinero que les «saca explotándolos».

Con estas últimas palabras la enigmática y sardónica expresión de la judía se torna en rabia explosiva. Se desvanece toda semejanza con las caricaturas de marcado aire desapasionado del centro de la ciudad. Las profundas arrugas que empiezan justo encima de las fosas nasales y terminan en las comisuras de los labios, arrugas que seguramente expresan la experiencia racial de los hijos de Israel, se abren para expresar una efusión universal de furia humana. Una perfecta descarga de juramentos tiene lugar en rápida sucesión entre los adversarios principales; mientras, una mujer tras otra se suman a la refriega, poniéndose de parte de la señora y contra los planchadores. La mujer de los suburbios se levanta de su sitio y prepara los puños; mientras su hija vacía oportunamente la pequeña botella de brandy que hay escondida detrás de los instrumentos de su madre. La Sra. Long frunce con más fuerza sus finos labios, baja la vista y la fija en su trabajo. En ese momento crítico, entra el patrón.

El Sr. Moses es un judío inglés corpulento y bien vestido. Su semblante es duro y sensual, su mirada tímida y su reputación entre las «ayudantas» *[hands]* de su mujer no es la mejor. En ese momento, su único deseo es que reine la paz en su establecimiento. De su expresión de brutalidad somnolienta deduzco también que padece ocasionalmente la violencia de la lengua de la señora; y con la bandada de mujeres gritando por todas partes percibe el lado masculino de la cuestión. De cualquier modo, se inclina por adoptar una postura imparcial en la riña. «Siéntese, Sra. Jones», espeta a la mujer de los suburbios. «Siéntese o usted y su _____ hija dejan el taller ahora mismo. Y vosotros, chicos, tranquilos; seguid con vuestro trabajo y no habléis con mi mujer». Y luego, volviéndose hacia su mujer, en un tono más bajo: «¿Por qué no los dejas en paz y dejas de contestarles?». Lo siguiente no podemos oírlo; pero, a juzgar por el tono y su mirada, es una expresión de protesta y desaprobación. Cazo las palabras «empujón de trabajo» y «temporeros».

«Ay, si fueras un poco hombre», grita la patrona, subiendo el tono de voz para que la oigan los demás, «hubieras despedido a estos dos jo—s pícaros. Yo les hubiera despedido a cualquier precio. Decir cómo me gasto mi dinero…, ¿y qué? Y lo que ha dicho Jo de llamar al hombre de la fábrica. Puede llamar al demonio (bienvenido sea), que a la única persona a la que verá será a él. Decir que gasto mi dinero en las carreras de caballos…; como si no me pudiera gastar mi dinero en lo que me dé la gana. Como si no me dieras el dinero que me gano cuando te lo pido, Sr. Moses», grita sofocada la judía, mirando de forma amenazante a su pareja, «y nunca me preguntes en qué me lo gasto». Las apuestas de caballos parecen ser una cuestión delicada.

«No es asunto de ellos lo que haces con tu dinero», responde el patrón tranquilizadoramente. «Pero déjalos en paz y diles a estas chicas que se callen. Tienen más de la mitad de la culpa, están siempre metiéndose con ellos», añade, ansioso por llevar la culpa a un terreno más seguro.

La tormenta amaina y el Sr. Moses regresa a la tienda. Pero la rabia de la judía aún no se ha aplacado. Una sola palabra, y empieza otra vez el rápido cruce de lenguaje ofensivo entre la señora y los planchadores; aunque ahora las mujeres, atemorizadas por la intervención del patrón, permanecen calladas. El joven alto y guapo, de nombre Jo, es el que más grita; pero la Sra. Long me cuchichea sin levantar los ojos de su tarea: «es Harry el que fabrica las balas, escúchale y verás, pero Jo es el que las dispara».

Al final se calma la situación. Varias mujeres (ayudantas externas) entran en tropel con un montón de pantalones terminados. La rabia efervescente de la dolida mujer cede a la supervisión minuciosa propia del ánimo de lucro de los judíos. «Si tuviera sólo trabajadoras internas, si supiera cómo encontrarlas y tuviera una sala para ponerlas», le murmura a Esther a medida que mira un pantalón tras otro. «Mira este trabajo, ¡está todo lleno de jaboncillo! Llame de nuevo el lunes por la mañana, Sra. Smith. Pero recuerde que *le he dicho* el lunes, no el martes por la mañana. Entiende usted inglés, ¿no?, el lunes por la mañana».

Un chaval bajito entra en el taller con trabajo inacabado. «¿Qué te parece esto, Sara? La Sra. Hall manda que me digan que el lunes lavó, el martes limpió y el miércoles supongo que estuvo fastidiando mi negocio, porque estamos a jueves, mañana es día de compras y el trabajo está intacto. Ahora, chicas, daros prisa con el trabajo», sigue la señora mientras tira el puñado de pantalones sobre nuestra mesa, «todo esto tiene que estar terminado antes del viernes. ¡Perkins no va a esperar a nadie!».

«Es el nombre de una empresa de exportación al por mayor; entonces –piensa para sus adentros la investigadora mirando las prendas– trabaja para la exportación y para la venta al por menor y paga lo mismo en ambos casos». (Mientras tanto, una joven trabajadora se clava la aguja en la uña del pulgar, y en su agonía hunde su codo en la espalda de la vecina, algo que provoca una reacción en cadena por toda la mesa).

«¡La ley! Pero qué torpe es», gruñe la mujer de los suburbios, con ganas de volver a la refriega y desahogar su rabia contenida.

Por fin, la hora del té interrumpe la jornada laboral. Se han recolectado ya los peniques necesarios para el bote colectivo de leche; cogen un montón de teteras de la cocina de gas, y desenvuelven paquetes con pequeños trozos de pan y mantequilla, con un tentempié o un dulce. La señora bebe a sorbitos su té en la cabecera de la mesa. Los odiosos planchadores se han marchado la media hora. Y exterioriza sus sentimientos:

«¡Pagarles 5 chelines al día para que te ofendan! Como si no pudiera gastarme el dinero en lo que me da la gana; y como si el Sr. Moses hubiera preguntado alguna vez –me gustaría verle pedirme cuentas– en qué se va el dinero».

Todas las mujeres se solidarizan con ella, y compiten entre sí por insultar a los planchadores, que no están presentes.

«Su lenguaje es horrible», grita la mujer de los suburbios; «si yo fuera la patrona, les daría ojo por ojo a esos jod—s sinvergüenzas. ¿De qué sirve ser la patrona si tienes que contener la lengua?».

«En cuanto al hombre de la fábrica», sigue la airada judía, regresando a la polémica cuestión, «¡que me amenacen con él! No sirven para trabajar en un taller respetable; son jod—s espías. Les echaré, aunque me cueste 100 libras. Y si el Sr. Moses fuera un poco hombre, también lo haría».

Cuando oigo la palabra espía, me siento acalorada; pero consciente de la inocencia de mi objetivo, le digo «nada tiene usted que temer del inspector de fábricas; usted cumple la normativa».

«No niego», responde francamente, «que si tenemos mucho trabajo mando a las chicas arriba; pero sólo lo hago una vez cada tres meses; y todo es por su bien».

Dos horas más tarde ya he terminado mi segundo par de pantalones. «Esto no está bien», dice cuando mira ambos pares. «Toma, deshaz la cinta de éste; corregiré este otro. Es mejor tener trabajando aquí a personas respetables que apenas saben coser que sinvergüenzas que saben mucho, que saben demasiado», murmura, escocida por las amenazas sobre el «hombre de la fábrica» y el dinero gastado en los caballos.

«Las ocho en punto en el reloj de la Fábrica de Cerveza», grita una voz estridente.

«Quedan diez minutos para las ocho», grita la señora mirando su reloj. «Sin embargo, no merece la pena violar la ley por unos pocos minutos. Paren de trabajar».

Esto me sienta más que bien. El calor es sofocante desde que está encendido el gas, tengo los dedos muy doloridos y la espalda me duele como si me la hubiera roto. Las mujeres doblan su trabajo; alguna se lo lleva a casa. Todas dejan sobre la mesa sus instrumentos, las tijeras y el dedal. Fuera, el aire fresco de la tarde, la sensación de libertad de movimientos y el descanso de los extenuados dedos y ojos me proporcionan la mejor sensación física que he experimentado en mi vida.

* * *

Es viernes por la mañana y me siento desesperadamente cansada. Apretujada entre mis dos vecinas, con la prenda mal hecha en mi rodilla, la jornada laboral entera ante mí, me siento como una joven trabajadora al borde de la desgracia. Siento todo mi cuerpo «tembloroso e inestable»; mis dedos, agujereados, se niegan a empujar la gruesa aguja a través de la desagradable tela; mis húmedas manos (cuanto más las restriego en el delantal más húmedas las tengo) descolocan las finas costuras; mi trabajo capta toda mi energía, con el desalentador resultado de que cada vez lo hago peor. La Sra. Long trabaja silenciosamente a mi lado con mucha prisa para terminar a tiempo un par de pantalones «de encargo». Y empieza a presentir mi despido.

«Yo evito el contacto con las demás», me dijo ayer. «Te hundes con ellas porque todas ellas se están yendo a la ruina; excepto los judíos, que van hacia arriba». Hoy aplica su teoría estrictamente, y no está dispuesta a «mezclarse» ni siquiera con una fracasada respetable. Por tanto, me defiendo sin ayuda hasta que, de alguna manera, termino.

«Esto no se hace nunca», comenta enfadada la señora. Y luego, sintiéndose culpable, añade severamente: «no se hace así, este trabajo no me gusta; márchate y aprende primero en otra parte». «Esto nunca se hace, no me gusta», repite lentamente deshaciendo el trabajo. Y deja de mirarme agitando sus lentes, como diciéndome: «mejor no me contestes».

Sin decir palabra preparo mis herramientas dispuesta a marcharme si la señora insiste.

¿Se debe al exceso de fatiga, o es que he realizado a la perfección mi papel de joven trabajadora desgraciada? Se me hace un enorme nudo en la garganta y mis ojos se llenan de lágrimas. Silencio sepulcral. Las ayudantes más jóvenes me miran desde su puesto con comprensión. La Sra. Long, con la cabeza inclinada hacia abajo, sigue cosiendo. La mujer de los suburbios me mira fijo con una cansada expresión de estupor y lástima; mueve nerviosamente las manos debajo de su mesa de trabajo y desliza algo hacia mí. Oigo el sonido de la botella de brandy golpeándose con las tijeras mientras veo cómo me acerca la vieja caja de tabaco que contiene sus herramientas. Entretanto, la judía ha girado su ojo izquierdo y me mira a través de sus gafas. La arruga profunda de experiencia heredada se relaja de nuevo, expresando humanidad. Pero esta vez se trata de bondad, no de rabia. Me hace una seña para que vaya. En un segundo voy a su lado.

«Ya sé lo que puedo hacer contigo. Si quieres quédate y trabaja por tres peniques y medio, lo mismo que les doy a las ayudantas externas, y podrás cobrar más cuando estés preparada. No quiero ser dura con una joven decente que intenta ganarse la vida de un modo respetable. No hay muchas personas respetables en el mundo, y no podemos permitirnos que se mueran de hambre», añade la judía, lanzando una mirada de enfado a los planchadores. «Sarah, dale un par de tres peniques y medio. Hago una excepción contigo. Siéntate entre esas dos jóvenes señoras y te enseñarán. Debéis ayudaros entre vosotras», les dice a las chicas mientras me hacen sitio, «aunque, por supuesto, todas vienen aquí para ganarse la vida; no puedes esperar de ellas que te enseñen eternamente».

La chica que me ha cogido bajo su tutela es una mujer joven, decentemente vestida y de aspecto delicado, que no lleva el típico vestido llamativo, deslustrado y desaliñado de las típicas chicas gentiles del *East London*. De complexión delgada, con un semblante pálido y cansado, parece que tiene treinta años (me dice que sólo tiene diecinueve); cose en silencio y parece ser muy consciente de la agitada vida de sus compañeras; pero en lugar del aire de sempiterna superioridad de la Sra. Long, su tipo, su cara y sus modales denotan una depresión física, aliviada una y otra vez por la ensoñadora certeza de que hay otro mundo más allá de este taller del *East End*.

«Pronto aprenderás», me dice amablemente; «tienes que fijarte con atención y luego hacerlo tú».

Dirigida por ella y animada por su amabilidad, sigo trabajando con un estado mental más tranquilo y escuchando la conversación de mis vecinas. Entre las jóvenes ayudantes que se sientan en este extremo de la mesa se habla principalmente del atractivo de los distintos *music-halls* o, lo que todavía es más importante, de los regalos y las atenciones de sus diferentes «tíos». Porque el trabajo monótono y la mala comida no han deprimido las energías físicas de estas mujeres jóvenes. Con su gran corazón, su exuberante buena naturaleza, su intelecto ocupado activamente en los diferentes espectáculos del *East London*, estas genuinas hijas del pueblo se entregan al abierto disfrute de la vida humilde. Durante el día sus dedos y ojos están plenamente ocupados; por las noches, en vacaciones, en temporadas en las que escasea el trabajo, sus pensamientos se apresuran a sumarse a las diversiones multitudinarias de las calles del *East End*; así, descargan sus sentimientos mediante el placer que les proporciona el amor promiscuo. No se les puede acusar de inmoralidad, porque no tienen conciencia de haber pecado. No son conscientes de la apariencia de moralidad ni del vicio oculto pero secretamente reconocido de ese grupo pequeño que se define como «sociedad londinense» (¡en una ciudad de millones!). Viven en el Jardín del Edén de la vida incivilizada; todavía no han probado el fruto prohibido del Árbol del Conocimiento del Bien y del Mal, y no sueñan ni con el cielo ni con el infierno de una conciencia despierta. Sólo existe una tentación en la que se pueda caer: la bebida, que lleva lenta pero inevitablemente a la muerte del alcohólico.

«Milly», comenta una de ellas a otra, «le dices a ese jo—o hermano tuyo que me hizo esperar media hora fuera del *Paragon* anoche. Que me aspen si vuelvo a servirle de *Round the Corner*[2]. Pero al rato me dije "una chica caprichosa y precavida como yo nunca se enfada", por lo que entré yo sola. Allí todo es magnífico», añade con entusiasmo.

«¡Eh! Tienes que ir a ver la representación del *Standard*», comenta Milly. «Jim prometió llevarme el sábado que viene a uno de esos magníficos lugares del West. ¿Te vienes con nosotros? Le diré a Tom que venga. Tendrás el éxito asegurado el sábado. Tom tiene trabajo fijo y es de los pocos que tiene buen corazón», se ríe la hermana del desleal joven.

«Es demasiado complicado ir al West», responde la chica, con ganas de demostrar su indiferencia hacia las atenciones de Tom. «No me importa ir si salgo antes de las nueve y media. Se tarda toda una hora en limpiar y hacer un poco de cena, y me quedan tres horas para salir por ahí; mi madre no nos espera antes de las doce y media. Pero no he dicho que no iré, porque es el día de media jornada, si Tom insiste mucho», y sigue diciendo: «me han dicho que hay damas imponentes sentadas en palcos y butacas con vestidos escotados, como muchas actrices, y mirarlas es tan entretenido como ver la representación. Eso me ha dicho Harry, y es uno de los pocos a los que les gusta el aspecto de las damas y caballeros que se dan la gran vida allí».

La chica pálida y cansada cose silenciosamente a mi lado. Trabaja más que las otras, ayer terminó cuatro pares y hoy espera terminar otros cuatro. «¿Vas a misa?», me pregunta de repente.

«Sí», respondo, atendiendo más al espíritu que a la forma de su pregunta.

«¿Perteneces al Ejército de Salvación?», sigue preguntándome, mirando mi vestido liso gris y recordando sin duda mi tupido gorro negro.

«No», contesto, «¿tú sí?».

Mueve su cabeza de un lado a otro: «desde que estoy en Londres intentan que me una a ellos. Pero somos más tranquilos que ellos. Mi madre y yo llevamos en Londres dos años desde que murió mi padre», añade en un tono explicativo. «Mi madre es modista cualificada; no hace este tipo de trabajo, ella no haría esto. Puede ganar dos libras a la semana

---

2 Término típico del *East End* para designar a la mujer que acompaña al varón al teatro o al *music-hall*.

en tiempos de mucho trabajo; pero ahora está perdiendo vista. Y yo no gano mucho. Me educaron para la enseñanza».

«¿Y por qué no has seguido con eso?».

«Suspendí el primer examen. Entonces mi padre murió y mi madre oyó que en Londres necesitaban ayudantes cualificadas de costura, y nos fuimos de casa. Pero he encontrado en nuestra calle un trabajo para enseñar la Biblia, y enseño allí dos veces por semana. Eso y la iglesia los domingos es para mí como un pedazo de mi añorado hogar». La chica suspira, y la esperanza lejana de «otro mundo» brilla en las profundidades de sus ojos grises. «Si sales en la hora de la comida, te muestro la iglesia y la clase donde enseño», añade con vacilante amabilidad; «¿vas a casa a comer?».

«No, voy a tomar una taza de té y un bollo en Lockhart».

«¡No puedes comer eso sólo!», grita la chica de mi otro lado. Y se produce un murmullo por toda la mesa. Una taza de té y un bollo significa una enorme pobreza.

«Anoche no tomaste té», sigue diciendo la misma chica; «te tomarás una taza del mío esta tarde».

Las horas del día pasan despacio en el trabajo. No se dirigen la palabra la señora y los planchadores y la vida del taller se hace monótona. En el intervalo entre la comida y el té, una joven de cabello rubio (una hija casada de la judía), con bonitos guantes y gorro, cubierta de joyas, con una capa de colas de marta en cierto modo improcedente para la estación en la que estamos, entra en el taller. Se sienta al lado de su madre en la cabecera de la mesa y charla con ella confidencialmente. Oigo los nombres de varios caballos de carreras y de las carreras que se van a celebrar. Al parecer, su marido pertenece al género de los «jugadores» y, a juzgar por su vestido, tiene suerte. La señora está de muy buen humor. A la hora del té se dirige a mí:

«Me interesas mucho; hay algo especial en tu cara y también en tu voz, es extraño, ni una palabra más alta que otra. Las mujeres de aquí te confirmarán que si no me hubiera extrañado tu cara y tu voz te habría echado hace tiempo. Dime, ¿qué has sido?», dice con amable curiosidad.

«Cuando mi padre trabajaba yo no tenía que trabajar», le respondo con veracidad literal.

«Una joven de aspecto pulcro como tú debe casarse con un hombre respetable, como mi hija; estás más hecha para eso que para ganarte la vida en un sitio como éste. Pero, ya que has venido, veré qué puedo hacer contigo. Mira, estás mejorando», dice animándome cuando mira mi trabajo.

Me bebo la taza de té obligada por mi vecina. La chica cansada y pálida mastica su pan con mantequilla.

«¿Quieres un poco?», dice, deslizando su paquetito hacia mí.

«No, gracias», le respondo.

«¿Seguro?», y sin decir nada me deja una gruesa rebanada en el regazo y se aleja para evitar que le dé las gracias. Un poco de humanidad que llega al corazón de la investigadora y le llena los ojos de lágrimas.

El trabajo vuelve a empezar. Mi amiga ha terminado su tercera prenda y espera la cuarta. Se cubre la cabeza con las manos y estira la espalda hacia atrás para relajar su cuerpo tenso. En sus ojos grises hay una expresión de intenso cansancio, cansancio de cuerpo y alma. Le pasan otro par y vuelve al trabajo. Es una trabajadora eficiente; pero por mucho que trabaje no puede sacar más de un chelín al día, porque tiene que pagarse las herramientas. (Un chelín al día es aproximadamente lo que se paga por el trabajo no cualificado femenino).

Tras dos horas más doy las buenas noches.

«Me caso dentro de una semana», son las últimas palabras que oigo cuando paso cerca de Jo y Harry, «y mi mujer me mantendrá».

«Yo seguiré viniendo al jo—o taller», bromea Harry, «hasta que consiga que una chica me mantenga. No me explotarán mucho más tiempo por cinco chelines al día»[3].

---

3   La vida del taller del *East End* que aquí describo la analizo desde otros puntos de vista en los siguientes capítulos sobre «Los judíos del East London», «Los salarios de las mujeres», «Las mujeres y las leyes de fábricas» y «Cómo hacer que desaparezca el sistema de talleres explotadores» *[Sweating System]*. Para una descripción sistemática de la industria de la sastrería del *East London*, véase el capítulo de la autora para *Life and Labour of the People*, vol. IV de la edición revisada, del St. Charles Booth. [La autora se refiere a los capítulos que componen, junto con otros cuya autoría es de Sidney Webb, *Problems of modern industry*, 1898. Véanse las referencias de la presentación, JJC].

La importancia del trabajo en equipo: Alvin Ward Gouldner

1/ Los aportes de grupo en Alvin Ward Gouldner (1920-1980)[1]

Juan José Castillo

Presentar a Alvin W. Gouldner como un clásico contemporáneo puede parecer, a primera vista, una *boutade* de los editores de *Sociología del Trabajo*. Porque su obra figura entre las más conocidas, incluso para un público de habla española, y sus libros han sido traducidos, editados y reeditados, tanto en España como en América Latina. Basta consultar cualquier repertorio bibliográfico en nuestras universidades.

Traemos, sin embargo, aquí a Gouldner porque nuestro objetivo va mucho más allá. Interesándonos tanto en el tiempo como en el propósito u objetivo, en la metodología y en la teoría.

En el tiempo porque queremos llamar la atención de los sociólogos y sociólogas del trabajo hacia el carácter seminal de sus trabajos e investigaciones, al igual que sobre su labor de formación de una escuela, en el área de la sociología industrial, que es parte de sus primeros trabajos, hoy en día poco citados, aunque haya excepciones de mucho calado[2].

El tiempo en que se gestan las dos obras a las que hacemos referencia, publicando el texto "Procedimientos en el trabajo de campo", va de 1948 a 1951; y, tras varias peripecias para su presentación como tesis doctoral, se publican ambas en 1954. Se trata de *Patterns of industrial bureaucracy* y *Wildcat strike*[3]. Los "Procedimientos..." se incluyeron

---

1 Publicado en *Sociología del Trabajo*, 2011, n. 71, pp. 137-141.

2 Tim Hallet y Marc J. Ventresca, "How institutions form. Loose coupling as mechanism in Gouldner's *Patterns of industrial bureaucracy*", *The American Behavioral Scientist*, vol. 49, n. 7, marzo 2006, pp. 908-924.

3 Alvin W. Gouldner, *Patterns of industrial bureaucracy*, Nueva York, Free Press-MacMillan, 1954, p. 282. Con el subtítulo en portada "A case study of modern factory administration". Y, del mismo autor, *Wildcat strike. A study in worker-management relationship*, Yellow Springs, Antioch Press, 1954, p. 179. [De ambos libros hay varias reimpresiones

como apéndice, de *Patterns*, y en *Wildcat* dirá, en la primera nota, que "como nuestros métodos de investigación" ya se incluyeron en ese apéndice, no los vuelve a incluir en este libro.

En cuanto al objetivo, no sólo queremos destacar el papel que juega en esa obra la minuciosa reconstrucción hecha por el autor, desde dentro, y con un descomunal trabajo de campo, sino también, y no menos relevante, la importancia que siempre atribuyó a la inextricable vinculación entre la reflexión teórica y la investigación empírica. En una fórmula que nos gusta citar de Gaston Bachelard, "pensar para investigar e investigar para pensar".

En cuanto se refiere a la escuela hay que recordar que Gouldner llegó a la Universidad de Columbia en 1943, donde fue su mentor, como luego veremos en sus propios y sentidos recuerdos, Robert K. Merton, donde la sociología conocía un momento especialmente floreciente[4]. La redacción de su tesis, bajo la dirección de Merton, la llevó a cabo mientras era profesor en la Universidad de Búfalo (1947-1951), consultor en la Standard Oil Co., en New Jersey (1951-1952), y profesor asociado en Antioch Collage (1951-1952).

Para el desarrollo del trabajo de campo, que se extendió desde 1948 hasta 1951, Gouldner formó a un equipo de estudiantes, al que se refiere, precisamente, el texto que reproducimos, y del que es co-autor Maurice R. Stein, uno de aquellos estudiantes, al que Gouldner denomina como "el segundo de a bordo" en la misma nota con la que comienza el texto, a la vez que deja constancia reiterada de las aportaciones que hicieron todos los participantes, Stein –de nuevo– en primer lugar. A este le agradece también, en el prefacio de *Wildcat*, las "discusiones intensivas" que fueron muy valiosas para la elaboración, en los dos capítulos finales, de los "rudimentos de una teoría general de las tensiones de grupo"[5]. Por ello no hemos dudado, como el propio Alvin W. Gouldner reconoce con generosidad, en incluirlo como co-autor de "Procedimientos...".

El mismo Stein ha recordado aquellos años de la Universidad de Búfalo, cuando a la vez era miembro de la Universidad de Brandeis, para llamar la atención no sólo sobre la dedicación y la atención de Gouldner hacia sus estudiantes (su casa terminó siendo un refugio de investigadores), sino también para destacar que, en esos mismos años,

---

posteriores]. La planta estudiada tenía, según Gouldner, en 1948, unos 225 empleados. De ellos, 75 en la mina y 150 en los varios departamentos de superficie. Estos datos son útiles para contrastarlos luego con las entrevistas realizadas, de las que se da cuenta en el texto reproducido.

4   James J. Chriss, "Alvin W. Gouldner and industrial sociology at Columbia University", *Journal of the History of Behavioral Sciences*, vol. 37, n. 3, verano de 2001, pp. 241-259.

5   Gouldner, *Wildcat Strike*, p. 8. Para entonces Stein estaba en el Oberlin Collage.

comenzaron con su maestro una serie de seminarios y trabajos, lo que él denomina el "Early Marxism Project", que estuvieron, para el equipo de investigadores, plenamente interrelacionados con el Estudio de la Gypsum Company[6]. Con ello, quiere llamar la atención hacia la temprana preocupación de Gouldner por el marxismo, aunque en los libros publicados no haya ninguna referencia que lo recuerde. Según él –y enseguida comentaremos el análisis de Michael Burawoy–, hay que recordar que la tesis de donde se extrajeron y elaboraron ambos libros, *Patterns* y *Wildcat*, se redactó entre 1951-1952, la época de auge del McCarthismo[7].

En cuanto al objetivo de la investigación, el entonces joven de 28 años Alvin W. Gouldner, acompañado de un aún más joven Maurice R. Stein, de 21 años, comienzan una investigación que estará marcada por la idea repetida y recogida en numerosos textos y participaciones institucionales de nuestro clásico, de que la sociología tiene que servir

> ...como puente estratégico entre una sociología 'pura' y una 'aplicada'; entre una sociología cuyas preocupaciones centrales son la predicción y la comprensión, y una que trate de ir un paso más adelante de eso; que pueda proporcionar a la gente con una guía para la acción en sus tiempos de preocupación[8].

Una preocupación permanente en estos años para Gouldner que le llevará a la presidencia de la Society for the Study of Social Problems, "una organización de sociólogos con una preocupación especial por la aplicación de la sociología a los grandes problemas de hoy". De la reunión que tuvo lugar en St. Louis, en 1961, cuando él era presidente, resultó la publicación "oficial" de la asociación, *Applied Sociology*, en 1965. El libro incluía el artículo anteriormente citado como contribución de Gouldner y en el prefacio, con su firma y la de S. M. Miller, se decía, en el mismo sentido que ya hemos recogido: "es la misión histórica de las ciencias sociales posibilitar a la humanidad el tomar posesión de la sociedad. Esta es una gran tarea y llevará mucho tiempo"[9].

---

6   Alvin W. Gouldner y Maurice R. Stein, "The dialectic of marxism and sociology during the Buffalo Years", *Theory and Society*, vol. 11, n. 6, noviembre 1982, pp. 889-897. "Número especial en memoria de Alvin W. Gouldner". La referencia en p. 892. Vale la pena recordar que Gouldner, en el tiempo que fue profesor de la Universidad de Ámsterdam, creó la revista *Theory and Society*.

7   Stein, 1982, p. 894.

8   Gouldner, *Wildcat*, p. 179. En el artículo "Explorations in applied social science", publicado en *Social Problems*, vol. 3, n. 3, enero 1956, pp. 169-181, reproducirá prácticamente las mismas palabras, p. 180.

9   Alvin W. Gouldner y S. M. Miller (eds.), *Applied sociology. Opportunities and problems*, Nueva York y Londres, The Free Press-Collier Macmillan, 1965, p. 466. La cita en p. vii.

Este objetivo, el de contribuir a hacer posible una sociedad *mejor*, donde las opciones sean presentadas a los actores sociales como "lo que puede ser" y no tanto "lo que debe ser", está presente tanto en estas obras como en la subsiguiente producción científica de Alvin W. Gouldner. Lo que repite en distintos lugares del texto, y como digo en otros escritos, es que el papel del sociólogo es mostrar las posibilidades actuales. Algo como lo que José María Maravall llamó hace años "la sociología de lo posible".

O dicho más claramente, los distintos posibles que existen, las opciones "políticas". Incluso utilizando la información que muestra y demuestra que las distintas formas organizativas *han* sido, son o han podido ser. Para usar la terminología que Gouldner enriquece, pero inspirada directamente en Merton, son alternativas funcionales. Identificando –y esa es una de las grandes contribuciones de su obra– "esos procesos sociales que crean variaciones en la cantidad y tipos de burocracia; porque esas variaciones sí que construyen diferencias vitales en las vidas de los hombres"[10]. Y así termina el libro del que los "Procedimientos en el trabajo de campo" es el resultado, lo parafraseo: abogando por una sociología clínica que, como es el caso de los profesionales de la medicina, no busque crear personas perfectas, sino lo más sanas y menos enfermas posible. La sociología abre posibilidades y esperanzas, en lugar de enterrar la capacidad de invención y creatividad de nuevas, y más humanas, formas de sociedad.

Ahora bien, este objetivo de abrir el campo de lo posible, sólo puede alcanzarse con lo que hoy llamaríamos "sociología profesional", con el permiso de Michael Burawoy. Esto es, combinando la mejor teoría con la investigación concreta. En estos mismos tiempos no dejaremos de encontrar reflexiones de Gouldner que insisten en la necesidad de unos exigentes criterios teóricos en las que llamará, muchas veces, "ciencias sociales aplicadas"[11]. Contraponiendo, en sus propias palabras, a los teóricos clásicos y a los investigadores concretos.

Como se ha destacado, analizando esta época de investigación en Gouldner, vemos, desde luego, el énfasis en la crítica a la teoría vacía que no se contrasta con la realidad. Está, igualmente, el cuestionamiento de los maestros (ejemplar en el caso de Max Weber) y su propia asunción y

---

Social Problems, como es sabido, es una publicación de esta misma Society for the Study of Social Problems.

10 Véase, especialmente, *Patterns*, pp. 244-5.

11 Alvin W. Gouldner, "Theoretical requirements of the applied social sciences", *American Sociological Review*, vol. 22, n. 1, febrero 1957, pp. 92-102.

crítica de la mejor sociología norteamericana de la época, y especialmente del núcleo de Columbia[12]. Gouldner demuestra en sus escritos cómo la adscripción a una teoría, acríticamente, puede cegar u oscurecer la capacidad de entender la sociedad. Por querer encorsetar los presuntos hechos en la teoría. Con tal de que la justifiquen.

Y, precisamente, el apéndice que reproducimos, dedicado a contar "los verdaderos caminos recorridos", la trastienda de la investigación, como hemos estudiado por nuestra parte[13], no es, claro está, y en vena con la argumentación anterior, una explicación de cómo los métodos se adaptan a los cánones establecidos. Antes bien presenta el verdadero camino recorrido, la cocina de la investigación. Una muestra práctica y concreta de lo que en su programa de trabajo estaba defendiendo Gouldner, en distintos artículos y publicaciones[14].

Sólo un estudio minucioso, cercano, de terreno, permite, como nuestro autor reclama al principio de su obra, la detección y el hallazgo de hechos que suponen análisis más sutiles que lo que muchas aplicaciones "teóricas" son capaces de detectar. Vale la pena recordar sus propias palabras, breves pero muy ilustradoras de la conexión que estamos defendiendo entre teoría, metodología e investigación concreta:

> Los métodos de este estudio, *y las alternativas de políticas a las cuales conducen* [JJC], son otra cosa. La asunción aquí ha sido que el examen de las situaciones concretas detectará arreglos alternativos, y una variedad, no una singularidad, de soluciones. Y estas, por su propia existencia, demuestran que 'pueden ser', y así, empíricamente enriquecen las alternativas políticas disponibles[15].

Michael Burawoy es quien, a mi juicio, ha analizado más certeramente y en profundidad esta perspectiva en la obra de Gouldner, contrastándola con la obra de Braverman en un texto magistral escrito en 1982, "Lo escrito y lo reprimido en la sociología industrial de Gouldner". Y a él

---

12 Véase Chriss, 2001, *passim*.

13 Véase el número monográfico de la revista *Política y Sociedad*, UCM, vol. 3, n. 46, 2009, "La trastienda de la investigación social".

14 Vale la pena releer algunos de ellos recogidos en su libro *For sociology. Renewal and critique in sociology today*, Nueva York, Basic Books, 1973, p. 465. Un largo comentario de este texto, que es, a su vez, una revisión de varios de los argumentos que hemos destacado, está en John Rex, "The challenge of Alvin Gouldner", *Sociology*, 8, 1974, pp. 497-504. El libro se tradujo al castellano en 1979, en Alianza Editorial, bajo el título *La sociología actual: renovación y crítica*. Este libro es un muy adecuado complemento de *La crisis de la sociología occidental*, Buenos Aires, Amorrortu, 1973. [Edición original, Nueva York, Basic Books,1970].

15 Gouldner, *Patterns*, pp. 28-29.

remitimos al lector interesado en una profundización de los argumentos que hemos tratado de destacar en esta presentación[16].

Para nosotros, que estábamos empeñados en la búsqueda de clásicos allá por los primeros años de la década de 1990, durante dos estancias de investigación en la Universidad de California, es un honor rendir homenaje a Alvin W. Gouldner, al que ya dediqué algunas notas y proseguí utilizando sus trabajos primeros en cursos de sociología del trabajo y doctorado[17]. Quiero terminar esta presentación con las palabras que Robert K. Merton entresacó de su correspondencia con Alvin, y que no sólo recogen su trayectoria intelectual, sino ese tipo de confesiones que ya pocos sociólogos hacen y que honran a esta gigantesca figura de la sociología contemporánea. Alvin escribe: "Siempre he creído que no hay nada en lo que valga la pena trabajar, si uno no se arriesga a comprometerse personalmente en hacerlo". Y, en otro momento, mientras comentan problemas de salud, añade: "[como sociólogos,] lo que bulle en todo esto es: vivimos a través de otras gentes, y lo que a ellos les ocurre, nos sucede realmente también a nosotros. Estamos, todos nosotros, terriblemente mezclados, entre nosotros, y con otros seres humanos"[18]. Así vivía su profesión Alvin W. Gouldner. Un clásico de la sociología contemporánea.

---

16 Michael Burawoy, "The written and the repressed in Gouldner's industrial sociology", *Theory and Society*, vol. 11, 1982, pp. 831-851.

17 Véase nuestro libro *Sociología del Trabajo. Un proyecto docente*, Madrid, Centro de Investigaciones Sociológicas, 1996, pp. 33-34.

18 La primera cita está en *Footnotes*, marzo de 1981, obituario, firmado por Charles Lemert y Robert Merton. La segunda en Robert K. Merton, "Alvin W. Gouldner. Genesis and growth of a friendship", *Theory and Society*, 11, 1982, pp. 915-938. La cita en p. 925.

2/ Procedimientos en el trabajo de campo: la organización social de un equipo de investigación compuesto por estudiantes[1]

Alvin W. Gouldner y Maurice R. Stein[2]

El objetivo de este apéndice no es demostrar que nuestros procedimientos se han ajustado a los cánones del método científico, sino describir con cierto detalle lo que realmente hicimos y cómo lo hicimos. Esto no significa que fuésemos insensibles a las exigencias metodológicas. Como el contraste entre la mina y la superficie puede indicar, intentamos orientarnos a la *lógica* del experimento controlado, al menos tanto como nuestro recalcitrante problema de investigación lo permitía. Obviamente, nuestro estudio de casos prácticos no es, sin embargo, una empresa ratificadora. Es por el contrario, principalmente, exploratoria y comprende un esfuerzo por desarrollar nuevos conceptos e hipótesis que se presten a ser ratificados con métodos experimentales. En resumen, intentamos tender una cabeza de puente, no consolidar una posición ya tomada. En vista de estos objetivos científicamente primitivos, nos corresponde describir explícitamente nuestros procedimientos, en lugar de evaluar pretenciosamente nuestro trabajo en función de criterios más maduros.

---

1   Apéndice metodológico de Alvin W. Gouldner, *Patterns of Industrial Bureaucracy*, Nueva York, The Free Press of Glencoe, 1954, pp. 247-269. Traducción de Cristina Piña. Publicado en *Sociología del Trabajo*, 2011, n. 71, pp. 142-157.

2   Este apéndice está redactado en colaboración con Maurice R. Stein. Stein, entonces profesor ayudante [*teaching fellow*] en la Universidad, colaboró en la investigación desde el comienzo. Pronto acabó siendo reconocido informalmente como el «segundo de a bordo» y ayudó en la dirección del trabajo de campo. Los comentarios referentes a las actitudes o a los sentimientos de los miembros del equipo proceden en gran medida de las observaciones de Stein y se basan en su estrecha interacción con el grupo de investigación. Sin embargo, la aportación de Stein al trabajo no se limita en absoluto a estas cuestiones. No hace falta decir que, en este capítulo como en cualquier otro, yo asumo la completa responsabilidad por los errores de hecho o por juicios equivocados. – Alvin W. Gouldner.

Las fuentes de datos

La más importante de nuestras técnicas fue una entrevista que, en todos los casos, era al menos *parcialmente* «no directiva». Es decir, tras ponerla en marcha, permitíamos que la entrevista avanzase en buena medida hacia donde quisiera el entrevistado, si éste quería llevarla a alguna parte. Aunque empezábamos con un esquema aproximado que dirigía la atención del entrevistador hacia áreas clave de importancia hipotética, este esquema cambiaba continuamente a la vista de nuestra experiencia de campo. Así, a menudo hacíamos preguntas que surgían en medio de la investigación, aunque dichas cuestiones pudieran no haberse suscitado con anteriores entrevistados.

En ocasiones, no podíamos plantear las preguntas que habíamos pensado hacer a un entrevistado. Esto se debía a diversas razones; ocasionalmente un entrevistado tenía algo «entre ceja y ceja» e insistía en hablar de un problema que en ese momento le preocupaba. Cuando esto ocurría, escuchábamos sin más; y con frecuencia aprendíamos mucho. En otras ocasiones, un entrevistado tenía que volver al trabajo antes de que pudiéramos plantearle las preguntas estándar. Y en muy pocos casos, el colaborador se mostraba tan alterado por el hecho de que lo entrevistasen –por razones que no siempre quedaron claras– que pasábamos la mayor parte de la entrevista tranquilizándolo. Dado que la planta era un grupo social muy cohesionado, consideramos imperativo que, si podíamos evitarlo, ni un solo entrevistado saliera de la entrevista con una actitud hostil hacia el estudio, para que no se convirtiera en un foco de resistencia.

En general, las entrevistas estaban diseñadas para obtener dos tipos de datos: en primer lugar, una imagen de la planta como sistema social visto desde la perspectiva de quienes estaban en su interior. Queríamos conocer los problemas a los que ellos consideraban que se enfrentaban, qué pensaban de su trabajo diario, y con qué personas se encontraban habitualmente. Queríamos ver la planta a través de sus ojos. En segundo lugar, teníamos algunas intuiciones derivadas de la teoría, además de ideas basadas en la investigación de otros sociólogos industriales sobre el tipo de cosas que podían surgir, sobre los problemas que podríamos encontrar y los datos necesarios para analizar estos problemas.

La entrevista comenzaba después de que el entrevistador se presentaba y explicaba muy en general al entrevistado que éramos un equipo investigador de la Universidad. También le explicábamos que nos interesaba saber más sobre la vida en la fábrica, y le pedíamos que nos ayudase. Por lo general, el trabajador ya había oído hablar de nuestra investigación a un compañero, o en la primera reunión sindical a la que habíamos acudido. Pero ya hablaremos de esto más tarde.

Tras esto, permitíamos que el trabajador plantease lo que quisiera, deteniéndonos y sondeando aquellas áreas que nuestras intuiciones nos sugerían como importantes. A medida que los hombres se iban acostumbrando a nosotros, y nosotros aprendíamos a expresarnos con su lenguaje, nos resultaba menos necesario usar los métodos no directivos; nos sentíamos cada vez más libres de hacerles preguntas concretas. Teníamos la impresión de que a menudo los trabajadores consideraban nuestras técnicas no directivas como una forma de «cautela»; parecía que a veces generaban una contracautela.

En total, realizamos 174 entrevistas *formales*, con una duración de hora y media a dos horas. Se realizaron durante las horas de trabajo y en la planta, y a los hombres les pagaban el salario normal mientras estaban en la entrevista. Ésta, por lo tanto, les daba a menudo la oportunidad de descansar de sus rutinas habituales. Quizá por esta razón, había pocos indicios de «fatiga de la entrevista», al menos entre los entrevistados. De estas 174 entrevistas, 132 se hicieron a una muestra representativa de trabajadores de la planta. La muestra estaba estratificada para tener en cuenta la antigüedad del trabajador, su rango y el departamento en el que trabajaba. Pudimos obtener una muestra representativa de 92 trabajadores (de los más de 132) a quienes planteamos cuestiones estandarizadas referentes a actitudes hacia las diferentes normas de la planta y hacia la rutina burocrática.

La segunda fuente básica de datos consistió en nuestras *observaciones* de la planta. Pasamos mucho tiempo simplemente dando vueltas, o de pie con un trabajador y hablando con él desenfadadamente mientras trabajaba. El pequeño tamaño de la planta nos permitió «verla» como un *todo* con bastante rapidez. Enseguida nos sumergimos en la «atmósfera» de la planta y nos acostumbramos a ella caminando en medio del enorme calor del horno, respirando el polvo seco del yeso, subiendo a las elevadísimas pasarelas, husmeando encima de los enormes contenedores del molino, montados en las duras vagonetas del yeso, encendiendo cigarrillos mientras nos sentábamos, agotados, en cajas llenas de dinamita en la mina, una práctica que los mineros insistían en que era segura, aunque ellos siempre eran adictos al humor pesado.

Aparte de pasar sencillamente un tiempo maravilloso –un factor de no poca importancia motivadora–, esta inmersión total nos ayudó considerablemente en las entrevistas. A no ser que quisiéramos deliberadamente fingir ignorancia, no teníamos que preguntarles a los trabajadores, pongamos, cómo se batía la mezcla, porque lo habíamos visto. A su vez, los trabajadores veían que nos lo tomábamos «en serio» y que no éramos remilgados trabajadores de cuello blanco visitando por curiosidad los barrios bajos. Demostramos con nuestras *acciones* que «podíamos aguantarlo» y que realmente los trabajadores nos interesaban. Cuando se dieron cuenta, nos recibieron con los brazos abiertos. En el transcurso de estas observaciones, naturalmente mantuvimos cientos de conversaciones breves y llegamos a conocer bastante bien el trabajo de muchos de los trabajadores. También esto nos ayudó en las entrevistas formales, porque para entonces ya no éramos unos completos extraños.

Nuestro material de observación se complementó de manera importante con el hecho de que un miembro de nuestro equipo investigador, Paul Mahany, que era un hábil mecánico además de un astuto investigador, pasase un verano trabajando en la mina. Los mineros sabían que Mahany formaba parte del equipo investigador. No obstante, enseguida lo aceptaron, y sólo con una fugaz suspicacia. Dado que realizaba un trabajo a tiempo completo en la mina, a Mahany no le era posible preparar sus propios informes de observación. En lugar de esto, nos reuníamos con él una o dos veces a la semana, y él simplemente nos contaba o nos respondía preguntas sobre lo que había visto y oído.

La tercera y última fuente de datos fueron los muchos miles de páginas de *material documental* al que se nos dio acceso: por ejemplo, artículos de periódicos, memorandos internos, correspondencia privada, informes de la Empresa, informes oficiales sobre la Empresa, contratos sindicales y decisiones arbitrales. Parte de este material era altamente confidencial, y no podríamos haberlo obtenido si no nos hubiésemos ganado la confianza de los directivos de la sede central, así como la de los trabajadores.

Uno de los factores que nos ayudó en esto fue la cercanía entre la planta y la sede central, y de ambas con la Universidad. Podíamos hacer visitas frecuentes a la sede central, y las hicimos. Debimos de pasar literalmente cientos de horas exclusivamente hablando con el director de relaciones laborales de la Empresa. Así pudimos establecer relaciones amistosas con personas que ocupaban cargos bastante elevados en la jerarquía empresarial. No es infrecuente que el personal de la sede central, aunque esté disponible, defina la función de los sociólogos como de estudio de sus subordinados en las fábricas o en los despachos; a menudo, sin embargo, no desean ser estudiados personalmente. En este caso, el personal de la sede central se dejó también observar, como cualquier otro. Pudimos así ver la Oscar Center Plant en uno de sus «hábitats naturales», la General Gypsum Company.

Debido también a que la planta estaba cerca de los pueblos que la surtían de mano de obra, y debido a que eran pueblos *pequeños*, pudimos sacar una imagen general, aunque burda, de la vida comunitaria de los trabajadores. Con frecuencia, los miembros del equipo investigador pasaban una velada en alguna de las tabernas favoritas de los trabajadores, jugando a las cartas o bebiendo cerveza con ellos.

El equipo de investigación

Durante toda nuestra investigación encontramos un doble problema: obtener los datos y enseñar a la gente a recoger los datos. Para obtener nuestro material tuvimos que organizar a un grupo de inexpertos estudiantes universitarios y convertirlo en un equipo motivado y competente. Desde el punto de vista de los estudiantes, el proyecto de investigación era, al principio, justificable como medio para alcanzar un fin: a saber, ampliar su formación en Sociología y en los métodos de investigación. Para efectuar la investigación, hacía falta comprender las necesidades y los intereses de un grupo específico de estudiantes, y procurar que sus necesidades se vieran también satisfechas.

Al trabajar con alumnos universitarios como equipo de investigación, es importante recordar que a menudo han sido introducidos en la Sociología por profesores que, con demasiada frecuencia, están poco familiarizados con las técnicas de investigación, y a veces sienten aún menos respeto por ellas. De igual modo, muchos de los libros de texto que los estudiantes han usado comunican poca conciencia sobre la función básica de la investigación. Así, antes de que empezase la investigación, fue necesario conversar extensamente sobre cuestiones de técnica investigadora. La inminencia de la «primera entrevista», establecida en una fecha fija mutuamente acordada, producía un nerviosismo similar a la «noche de estreno» de un actor. Entre los miembros del equipo se había acumulado suficiente ansiedad como para impedir que se preocupasen en exceso por los asuntos teóricos, algo que quizá estuviese bien, porque previamente todos ellos habían pasado por una intensa educación teórica.

Se distribuyeron, leyeron y debatieron artículos relacionados con las diversas fases de la técnica. Por una parte, estos artículos aliviaban la ansiedad, al comunicar cierta idea de cómo sería el procedimiento de investigación. Por otra, sin embargo, también engendraban ansiedad, al sacar a la luz nuevos aspectos por los que preocuparse. Pero el mero acto de leer los artículos, tomar notas y hablar sobre ellos fue una de las primeras experiencias de acumulación de confianza compartidas por los miembros del equipo. Empezaron a tener la sensación de que sus próximas experiencias no serían nuevas: otros ya las habían vivido. Descubrieron que importantes «teóricos» también habían escrito artículos sobre técnicas de investigación. De ese modo, la investigación comenzó a tener más valor para ellos, y empezaron a verse destellos de un *esprit de corps*.

Formalmente, el equipo se organizó como una clase de «seminario», bajo el tradicional sistema de seminarios de la Universidad. Esto significaba que todos los estudiantes eran *voluntarios*; aunque recibían el crédito regular de la Universidad por su trabajo, ninguno *tenía* por qué hacer esto en concreto. En general, inicialmente, se presentaron voluntarios a este proyecto porque les interesaba el tema de investigación, les gustaba la oportunidad de salir al campo y alejarse de la rutina del trabajo de clase, porque conocían a otros voluntarios a los que les gustaba tal opción, y porque conocían al director del proyecto y les agradaba. Desde el comienzo, por consiguiente, las relaciones entre muchos de los miembros fueron cálidas y amistosas.

Este buen sentimiento de grupo se conservó gracias a la práctica de mantener reuniones en la casa del director del proyecto. Ello elevaba el «prestigio» de los componentes del grupo en el campus y dio comienzo en la Universidad a una tradición en la que otros alumnos del Departamento de Sociología veían a los miembros del equipo como una unidad distinta y afortunada. En la medida en que los miembros del grupo empezaron a llevar ropas de trabajo distintivas al campus, presumiblemente por su deseo de parecerse a los trabajadores de la fábrica mientras los entrevistaban, aumentó este sentimiento de solidaridad y diferencia colectiva con el resto de los estudiantes.

Es interesante recordar que el problema de llevar la ropa adecuada a la fábrica se exageró al comienzo del estudio. En una ocasión, un estudiante llevó indebidamente una camisa blanca a la fábrica. De camino a ella, se dio cuenta del «error» y empezó a preocuparle que lo confundieran con un capataz o lo identificasen con los directivos de la Empresa. Cuando llegó a la planta, sin embargo, se dio cuenta de que lo que llevase puesto no era tan importante como su manera de *comportarse*. O, al menos, no importaba a no ser que él se sintiera conspicuo y fuera de lugar, con resultados perjudiciales para sus entrevistas. Quizá el «traje adecuado», en este caso, no contribuyó tanto al entendimiento en las entrevistas como a proporcionar símbolos claros de la identidad del grupo investigador y supo aumentar nuestra solidaridad.

La entrada en la planta

Al comienzo, decidimos entrar a través de los directivos de la Empresa y del sindicato de la planta de Oscar Center. El primer contacto lo hicimos con el director de relaciones laborales de la sede central, un abogado de mente abierta y considerable conocimiento de las ciencias sociales. Desde el inicio, apoyó plenamente el estudio y nos ayudó a conocer a otros ejecutivos. Sus motivos para desear de inmediato que se realizara el estudio: consideraba que en su trabajo afrontaba muchos problemas para los que no tenía todas las respuestas, y estaba dispuesto a probar cualquier cosa que prometiera darle más conocimiento y comprensión sobre estas dificultades. En ningún momento, sin embargo, propuso que prestásemos especial atención a un problema o una situación específicos y, como todos los demás, nos dejó completa libertad para seguir nuestros intereses.

Un poco en contraste con este hincapié en las ventajas de largo alcance de nuestro estudio estaba el interés de ciertos miembros del departamento de producción que nos presentó el director de relaciones laborales. A uno de ellos, una persona a la que teníamos que solicitar el permiso definitivo para realizar el estudio, le gustó la idea en conjunto, pero añadió que esperaba que le hiciéramos saber si algún capataz estaba causando problemas en la planta. Explicamos, con firmeza, que no haríamos tal cosa y le dijimos que, desde nuestro punto de vista, lo importante no era *quiénes* estaban causando problemas, sino por el contrario qué tipos de *relaciones sociales* creaban tensiones. Sustituir personas, añadimos, no sería muy útil, en nuestra opinión, si se mantenían las situaciones que las hacían comportarse de modo «problemático». El hombre de producción apreció nuestro punto de vista y nos dio el visto bueno. Poco después, nos presentaron al gerente de la planta de Oscar Center, y una parte de nuestro problema de entrada estaba resuelto, o al menos eso parecía en aquel momento.

De inmediato hicimos los preparativos a fin de asistir a una reunión del sindicato local y obtener su permiso para hacer el estudio. En nuestra primera visita a la planta, buscamos a Byta y recibimos su permiso para explicar el estudio en la siguiente reunión del sindicato. Cuando llegó el momento de asistir a la reunión, Gouldner tenía clase, de modo que fueron Paul Mahany y Maurice Stein. Dado que todos estábamos bastante preocupados por el resultado de esta sesión, nos reunimos y preparamos una charla para explicarles el estudio a los trabajadores. Cuando llegó el momento de darla, Mahany y Stein –a pesar de estar cuidadosamente ataviados con ropa vieja y un toque de atuendo militar– se sintieron muy incómodos.

La primera parte de su charla fue recibida con estoicismo, hasta que llegaron al punto en el que mencionaron que todos los miembros de su equipo de investigación eran ex soldados. En ese momento, un trabajador, del que después supimos que era el «borracho de la fábrica», gritó: «vamos a ayudar a darles una educación a los reclutas». Esto los puso a todos a reír. El presidente del sindicato les preguntó entonces en qué cuerpo habían servido.

Una vez definido de este modo, las suspicacias de que fuésemos «espías de la Compañía» desaparecieron. Los trabajadores se otorgaron a sí mismos la categoría de «maestros» que iban a ayudar al equipo a recibir una «educación». Además, esto impulsaba a los veteranos de la fábrica a identificarse con el equipo de investigación. En cualquier caso, tras la reunión los trabajadores estaban muy dispuestos a dejarse entrevistar. Así, habíamos hecho una «doble entrada» en la planta, con la Compañía y el sindicato simultáneamente. Pero pronto fue obvio que habíamos cometido un *error* y el problema *no* había sido el de hacer una doble entrada, sino que faltaba una *triple* entrada; porque habíamos dejado fuera a un grupo específico, con el que no habíamos establecido un contacto *independiente*: los directivos de esa planta en particular. De modo descuidado, habíamos asumido que los directivos de la sede central también hablarían con los directivos de la planta local y esto, como podríamos haber comprendido con un momento de reflexión, no fue así. En consecuencia, nuestras relaciones con los directivos *locales* nunca fueron tan buenas como con los trabajadores o con los directivos de la sede central. (Esta afirmación necesita una salvedad, ya que de hecho acabamos llevándonos muy bien con los supervisores de la mina, mientras que la mayoría de nuestras tensiones con los directivos locales fueron con los supervisores *de superficie*). De hecho, sin embargo, aunque el problema es fácil de definir, y vemos con facilidad que *deberíamos* haber contactado independientemente con los directivos locales, no estamos tan seguros de que haya un modo fácil de hacerlo. La dirección de la planta local no está organizada y no tiene, al contrario que los trabajadores, un sindicato al que se pueda solicitar un consentimiento corporativo. Los directivos de la planta local tampoco están en posición de aceptar o rechazar la propuesta de investigación, sino que deben permitir que los de la sede central tomen la decisión definitiva.

No nos preocupa proponer una solución concreta a la cuestión en este momento, salvo sugerir que a una parte definida del equipo investigador debería habérsele asignado la responsabilidad de establecer, mejorar y mantener contactos con los directivos de la planta local a lo largo de todo el estudio. Una vez comenzado el estudio, por supuesto, empezamos a trabajar en nuestra relación con los directivos locales pero, desde nuestro punto de vista, esta nunca alcanzó el nivel de camaradería obtenido con los demás, en parte debido a nuestra forma de entrada.

Aspectos del procedimiento de entrevistas

Para conseguir informantes –especialmente en la superficie– nos poníamos primero en contacto con un capataz y después nos dirigíamos con él a un posible entrevistado. No queríamos eludir al capataz, pero, al mismo tiempo, no queríamos que nos identificasen con los directivos de la Compañía. Siempre que era posible, por lo tanto, los entrevistadores pedían al capataz que nombrara a un hombre disponible que cumpliese con los requisitos de nuestra muestra. Después el entrevistador podía dirigirse al hombre sin el capataz y presentarse. Esto pareció funcionar muy bien.

Dado que los informantes hablarían del trabajo y de los compañeros, era necesario que las entrevistas se efectuaran fuera de su lugar de trabajo inmediato. Muchas entrevistas se realizaron en el cuarto de «primeros auxilios», un lugar cómodo, neutral y privado. Otras se hicieron fuera, en el césped –si el tiempo lo permitía– o en la taberna que había cruzando la calle. Dado que las entrevistas en la planta siempre se efectuaban durante el tiempo de la Empresa, debíamos cuidar de no llevarnos a más de un hombre de cada departamento a la vez.

Muchos de los puestos, por ejemplo el aislado operario de las cuchillas, eran de tal tipo que permitían entrevistar al hombre mientras trabajaba. Por esa razón, había algunos puestos en los que invitaban a volver a los entrevistadores, para ayudar a pasar el tiempo y aliviar la monotonía. La identificación precoz de esos puestos fue útil porque proporcionaba entrevistados a los que se podía visitar repetidamente, y que podían ayudarnos a mantenernos al día sobre los cambiantes sucesos de la planta.

Otras tareas suponían operaciones de relevo, por ejemplo las situadas en el punto de desencofrado, de modo que era posible completar varias entrevistas adaptándose al relevo. Es decir, se empezaba una entrevista con el hombre de relevo mientras su compañero trabajaba; cuando este hombre tenía que volver al trabajo, entrevistábamos a su compañero. Cuando el compañero volvía al trabajo, terminábamos la entrevista con el primer trabajador y así sucesivamente.

Otros colaboradores tenían tareas que hacían difícil entrevistarlos. Los hombres que trabajaban el frente de ataque de la mina son un ejemplo.

Es interesante, sin embargo, que tan pronto como comprendieron que estábamos dispuestos a hacer el trayecto un tanto arduo hacia el frente de ataque, y esperar para las entrevistas lo que ellos necesitasen, se mostraron de hecho más colaboradores que cualquier otro grupo. Además, los mineros consideraban que eran los únicos que conocían los datos esenciales de la Compañía y veían nuestros esfuerzos para llegar a ellos como señal de respeto por su «información desde dentro».

Conseguir entrevistas en la mina era muy distinto de conseguirlas en la superficie. En primer lugar, los sentimientos de los mineros hacia sus capataces eran distintos de los mostrados por los hombres de la superficie. La solidaridad de los mineros era suficientemente fuerte como para que el hecho de ser presentado al grupo por un capataz no supusiera una amenaza para ellos. En ocasiones, ello era realmente útil, porque el capataz podía ser un miembro respetado del grupo. Por otro lado, si a los mineros les disgustaba un capataz, lo decían en su propia cara. Si veían a un miembro del equipo con un capataz poco apreciado, no lo rechazaban sino que, por el contrario, trataban de convencerlo de que el capataz era un «h.d.p.».

En la superficie, sin embargo, aunque los trataban de manera «más respetuosa», los trabajadores no *sentían* tanto respeto por sus capataces. Ser presentados por un capataz de superficie nunca nos ayudó, y lo evitamos del modo ya descrito. Otro contraste: era difícil entrevistar a los capataces de superficie, y sin embargo los capataces de la mina a menudo nos buscaban, si no había nadie más en ese momento con quien pasar el tiempo. No hay un patrón de relaciones de entrevista que podamos recomendar para todas las circunstancias: en la mina podríamos ser muy amistosos con los capataces y no habría ningún problema; pero una cordialidad similar con los capataces de superficie habría sido desastrosa.

A los miembros del equipo siempre les impresionó la diferencia entre nuestro entendimiento con los mineros y con los trabajadores de superficie. Teníamos buena relación con éstos, pero era cualitativamente distinta de la que predominaba en la mina. Aunque parecíamos capaces de conseguir toda la información que necesitábamos de los trabajadores de superficie, nunca llegamos a conocerlos demasiado bien como *personas*.

Las diferencias entre las entrevistas de superficie y las entrevistas de la mina no deberían exagerarse indebidamente, pero había variaciones de sentimiento y de tono en las entrevistas a las personas típicas de ambos grupos. Los mineros insistían en que nos mostrásemos amistosos antes de permitir que los entrevistásemos. Los hombres de superficie, por ejemplo, rara vez intentaban sonsacarnos y hacernos pronunciar nuestras opiniones, mientras que los mineros lo hacían a menudo. Asimismo, los mineros tenían mucha más probabilidad que los trabajadores de superficie de hablar de asuntos personales.

Los mineros nos veían como personas que *además* los estábamos entrevistando; los hombres de superficie nos veían principalmente como entrevistadores y establecían con nosotros relaciones «segmentadas». Antes de disponerse a decirnos algo acerca de *sus* sentimientos, el minero quería conocer los *nuestros*. No porque desconfiase de nosotros, sino en gran medida porque no estaba dispuesto a aceptar la función dependiente y pasiva que suponía un intercambio en un solo sentido. Y a los mineros no sólo teníamos que expresarles nuestras ideas, sino también nuestros *sentimientos*.

Aunque eso en apariencia incumple los cánones de la buena entrevista, todos estábamos convencidos de que los mejores datos los obteníamos durante aquellos momentos de verdadera interacción. Nuestra experiencia sugiere, por lo tanto, que hay algunas personas a las que *no se puede* entrevistar bien a no ser que el entrevistador abandone la apariencia de elevado desapego e interés impersonal, y a no ser que se comporte con amistoso respeto. En la superficie podíamos aproximarnos al rol ideal del entrevistador impersonal, pero esta actitud fracasaba en la mina. De esta experiencia concluimos tentativamente que se pueden exagerar demasiado los peligros de la «identificación excesiva» y el «entendimiento excesivo», y que a veces es indispensable desarrollar lazos amistosos con cierto tipo de entrevistados para obtener su cooperación.

Ciertamente, no estamos sugiriendo que se abandone la objetividad científica y, por supuesto, debería evitarse expresar opiniones acerca de materias concernientes al estudio que pudieran sesgar los comentarios del informante. Pero un profundo entendimiento puede basarse en el reconocimiento de la identificación mutua con cuestiones más generales. Además, es necesario que se reconozcan dichas identificaciones –como pensamos que se reconocieron aquí– para que no interfieran con el análisis de los datos. Uno de los mecanismos que prevenían la interferencia de dichas identificaciones fue el uso por nuestra parte del análisis *colectivo* de los datos, del que se hablará más tarde, de modo que los claros prejuicios individuales que surgieran pudieran ser cancelados por el procedimiento grupal. El entendimiento profundo tiene sus peligros, pero tratar la norma de la impersonalidad como algo sagrado, incluso aunque dificulte la cooperación de los informantes, parecería una forma inexcusable de ritualismo científico.

La moral del equipo investigador

Como aspecto del procedimiento entrevistador, quizá de cierto interés, estaba el hecho de que el jefe del equipo investigador decidiese hacer tantas entrevistas como cualquiera del equipo, o más. Esto tuvo unos efectos notables sobre la moral del equipo, porque impidió cualquier sentimiento de que la carga de trabajo estaba injustamente distribuida. Si, en ocasiones, un miembro del equipo se quejaba de cuánto le tocaba trabajar, otro le señalaba que Gouldner trabajaba lo mismo. Es muy interesante, sin embargo, que esta «queja» no siempre se manifestase como descontento, sino que a menudo expresaba un perverso sentimiento de superioridad que algunos miembros del equipo sentían hacia otros grupos de seminario. Estaba claro, no obstante, que la participación del director del grupo en el «trabajo sucio» era un factor que contribuía a la moral del equipo.

No cabe duda de que el aumento del prestigio en la universidad, ya mencionado, fue otro elemento añadido. Más importante aún, sin embargo, fueron las continuas satisfacciones «sociales» que el equipo de investigación proporcionaba a sus miembros. Cada reunión terminaba con el consumo de sanas cantidades de «café con» y, por la noche, después de dejar el trabajo, seguía una sesión de debate hasta las primeras horas de la madrugada.

De igual modo, dado que la planta estaba a unos 25 kilómetros de distancia de la universidad, cada viaje duraba aproximadamente media hora. Este viaje estaba también interrumpido por paradas para tomar café y charlar un poco. El regreso de la planta ofrecía una útil oportunidad para analizar cosas que habían surgido durante las entrevistas, mientras todavía las teníamos frescas en la mente. Proporcionaba una atmósfera relajada para verbalizar nuevas ideas, y un ambiente en el que se podía dar cierta catarsis a las tensiones inevitablemente engendradas durante las entrevistas. Es imposible calcular en qué medida la calidez y el respaldo de estos lazos grupales animaron a cada uno a «verter» una buena idea que en un grupo más formal y austero nunca habría visto la luz.

Otro factor que fortalecía la moral del grupo era el modo en el que se desarrollaban las reuniones. Estas reuniones semanales eran completamente informales; cada miembro del equipo leía la mejor entrevista que había obtenido esa semana, y todos la comentábamos a voluntad. Los comentarios eran de dos tipos: primero se discutía en detalle cada punto que parecía contribuir al análisis de la burocracia en la planta. Así, el análisis de las entrevistas era un proceso *colectivo* que se producía de manera regularizada. A menudo, los comentarios de una persona ponían en marcha un tren de asociaciones entre el resto del grupo, y era evidente que ni una persona sola ni todas las personas trabajando individualmente podrían haber originado toda la cadena de ideas. En resumen, el método en sí de analizar las entrevistas nos hacía sentir que estábamos resolviendo un problema *juntos*, y eso nos solidarizaba.

Las entrevistas se analizaban, en segundo lugar, desde el punto de vista de la técnica de entrevista; del modo menos doloroso, llamábamos la atención del entrevistador sobre cada punto que podría haberse mejorado. Todo el mundo captaba enseguida cuáles eran las preguntas potencialmente capciosas y en qué lugares habría sido deseable sondear más. Se eliminó el estigma personal por el hecho de que todos, incluido el director de la investigación, sometíamos nuestras entrevistas a la evaluación del grupo, y pronto se hizo evidente que eran inevitables los deslices. Además, hacíamos hincapié en extraer aportaciones positivas y constructivas. Por ejemplo, siempre que una nueva pregunta diseñada espontáneamente por un investigador parecía buena, el resto del equipo la señalaba para utilizarla más tarde. Así, las reuniones semanales proporcionaban una sensación de esfuerzo colectivo y producto colectivo. Todos podíamos participar y asimilar el análisis continuo a medida que se desarrollaba.

Había además otras satisfacciones que elevaban la moral del grupo y aumentaban su motivación. Una de ellas se refería al tipo de personas con las que el grupo interactuaba en el transcurso de su trabajo. Los entrevistados eran personas de la clase trabajadora; en general, muchos de ellos con rasgos de personalidad en apariencia distintos de los atribuibles a los estudiantes universitarios. Y muchos miembros del equipo consideraron de inmediato estos rasgos como algo deseable. Por ejemplo, les impresionaba en especial la «espontaneidad» de los mineros y esto hacía que se identificasen con ellos.

Entre el equipo se hizo comentario común que «nadie puede criticar a John L. Lewis sin antes conocer a los mineros y estar en una mina». De estas amistades, los estudiantes desarrollaron la apreciación de una cultura que, aunque distinta de la atmósfera académica, congeniaba a veces sorprendentemente con sus propios valores y personalidades. El contacto sostenido con los mineros proporcionó una perspectiva que se convirtió en base para la evaluación de las aborrecidas costumbres académicas, y para la expresión catártica de agresión hacia ellas.

Los miembros del equipo disfrutaban de libertad de movimiento en la mina. Era agradable meterse en una ropa descuidada y moverse por la mina sin preocuparse por la suciedad o el aspecto. De nuevo, a la mayoría de los miembros del equipo les gustaban los patrones de lenguaje de los mineros. Las conversaciones eran relajadas e irreverentes. Los mineros se gritaban entre sí de una forma no permisible en los círculos educados. Había una expresión espontánea de sentimientos demasiado a menudo inhibidos en los grupos académicos. En resumen, parte de la motivación para trabajar en el proyecto derivaba del hecho de que a los miembros del equipo les gustaban los mineros y la atmósfera en la que trabajaban; tanto, de hecho, que al poco tiempo los mineros se convirtieron en los entrevistados preferidos, y al final hubo que hacer arreglos para compartir las oportunidades de entrevistar en la mina.

La red de entrevistadores

En todo momento fuimos conscientes de que conseguir entrevistados era un proceso *social*, que tenía lugar en un marco social que podía perjudicarnos o ayudarnos. En esencia, la táctica que seguimos fue la de ir probando los centros de comunicación informal y, una vez hallados, usarlos como trampolín de operaciones, aumentando gradualmente las líneas de comunicación.

Nuestras primeras entrevistas fueron con los hombres que trabajaban en el «taller de recambios», y esto resultó ventajoso en varios aspectos. Los hombres del taller de recambios eran en parte trabajadores más viejos que llevaban mucho tiempo en la Empresa; tenían un puesto fijo asignado en el taller porque eran demasiado viejos para trabajar en la cadena. Otros eran hombres que acababan de lesionarse en su trabajo y los enviaban allí a desempeñar un trabajo ligero hasta que se recuperasen. Los viejos sabían mucho y tenían mucho que decir; los accidentados y que estaban temporalmente destinados al taller, a menudo tenían actitudes especialmente firmes que querían expresar. De algún modo su accidente los convertía en entrevistados especialmente cooperativos.

Además, el taller de recambios era un centro de comunicaciones de la empresa, ya que muchos de los trabajadores temporales mantenían contacto con amigos de sus puestos habituales. Con frecuencia, sus colegas pasaban a preguntar cómo iban y les traían noticias de sus propios grupos de trabajo. En cuanto los hombres de la sala de recambios nos aceptaron, enseguida los detalles sobre nosotros viajaron al resto de la planta. Después, también, cuando los trabajadores accidentados mejoraban y dejaban la sala de recambios, nos reuníamos con ellos en su puesto habitual y ellos nos presentaban a sus amigos.

La sala de recambios se convirtió en nuestra principal base de operaciones. Proporcionaba un punto en el que los entrevistadores podían descansar, o reunirse sin sentir que llamaban la atención. Además, la sala de primeros auxilios, en la que con frecuencia realizábamos las entrevistas, estaba situada en el taller de recambios. Al poco tiempo, llegamos a usar la sala de recambios como un «terreno preparatorio» en el que podíamos introducir nuevos entrevistadores a medida que se incorporaban al equipo. Primero los dejábamos entrevistar a la muestra amistosa compuesta por el personal del taller de recambios, quienes tenían mucho tiempo y estaban dispuestos a hablar, antes de poder asignarles entrevistas más difíciles.

En esta sala nunca había una supervisión muy estricta ni mucha presión, porque siempre estaban muy por encima de su cuota de producción. En la medida en que una parte del personal de la sala de recambios estaba siempre cambiando, nunca se agotaba como fuente de información. También era un lugar en el que el entrevistador podía buscar consuelo cuando ocasionalmente se cruzaba con un entrevistado reacio. Uno podía incluso quejarse ante los trabajadores de recambios sobre un hombre poco cooperador y, con frecuencia, ellos tendían más a criticarlo a él que al herido entrevistador.

Quizá nuestra experiencia en la sala de recambios puede generalizarse en ciertos aspectos: en primer lugar, al estudiar una planta, parece deseable establecer una «base de operaciones» dentro de ella. Pero esta base no debe escogerse de acuerdo con los criterios usuales para elegir «despacho»; por el contrario, debería seleccionarse conforme a sus relaciones con la planta como sistema social, y por sus características sociales. Los talleres periféricos a los procesos de producción principales son muy recomendables para este fin, porque a menudo los supervisores los «dejan tranquilos». En todo caso, la base no debería estar en un área estrictamente supervisada. En segundo lugar, la base debería, en lo posible, ser un centro de comunicaciones de la planta, por las ventajas arriba mencionadas.

En la mina teníamos otra base de operaciones comparable al taller de recambios de la superficie. Era el taller de maquinaria y reparación. Como el taller de recambios, también servía de centro de comunicación, mediando en especial entre las operaciones de superficie y el frente de ataque de la mina. Era un lugar al que nosotros –como todos los demás– pasábamos primero de visita al descender a la mina. Algunos de los entrevistadores pronto hicieron suficiente amistad con el personal del taller como para llegar en medio de una conversación y que los trabajadores siguieran hablando igual que antes. Esto, por cierto, parece un método empírico útil para calcular si un entrevistador es o no aceptado por un grupo. Transcurrido un tiempo, podíamos tomar parte en las discusiones y las bromas que estaban siempre en funcionamiento.

También teníamos una base de operaciones de avanzadilla en el frente de ataque de la mina. Trabamos especial amistad con los devastadores de las vagonetas, los hombres que martillaban la piedra de la veta de yeso a medida que se iba cargando en las vagonetas, porque no estaban continuamente en movimiento. Una vez establecida la camaradería, era posible sentarse con el devastador, y cualquiera de los mineros que no estuviesen trabajando, en largas sesiones de debate. En ocasiones, los devastadores cambiaban de trabajo con los otros mineros para que nosotros pudiéramos entrevistarlos. Como los trabajadores de recambios, y los maquinistas de la mina, el devastador de las vagonetas también proporcionaba un anclaje desde el que podíamos avanzar por las redes informales.

Otros aspectos del proceso de investigación

A medida que se unían nuevos componentes al equipo, y se iban otros, se produjeron experiencias interesantes. Entre otras razones, porque todos los miembros originales habían estado en el ejército, pero algunos de los nuevos, no. Esto se hizo significativo de un modo inesperado cuando uno de los nuevos miembros, no veterano, bajó a la mina y fue incapaz de ocultar su azoramiento ante el lenguaje soez de los mineros. Los veteranos habíamos experimentado, al parecer, en el ejército la «socialización anticipatoria» para esta experiencia.

Asimismo, en una fase más avanzada del estudio, una joven, Jo Ann Setel, entró en el equipo de campo. A todos nos preocupaba cómo la recibirían los obreros de la planta. De hecho, se hizo maravillosamente con los hombres, quienes, en un esfuerzo por impresionarla, le daban a menudo datos más reveladores de los que le hubiesen proporcionado a un entrevistador masculino. Acordamos, sin embargo, que no bajaría a la mina. Esto se decidió en parte por advertencia de los trabajadores de superficie, que profetizaron cosas terribles si ella llegaba a ponerse en contacto con aquellos licenciosos mineros. Nosotros lo dudábamos, pero aceptamos porque no deseábamos herir la sensibilidad de los hombres de superficie. Por su parte, los mineros «protestaron» ruidosamente contra nuestra decisión y solicitaban con frecuencia que ella los entrevistase. En retrospectiva, los redactores están convencidos de que ella habría recogido en la mina excelentes entrevistas, y en defensa formal del honor de los mineros, deseamos declarar nuestra convicción de que habría salido indemne de la mina.

Las reuniones semanales regulares del equipo de investigación fueron con probabilidad uno de los rasgos más distintivos de nuestro procedimiento, y merecen más atención. Su capacidad para promover sentimientos de participación y solidaridad, y así motivar a los miembros del equipo, ya se ha mencionado. Pero hay que aclarar mejor su importancia directa para hacer realidad los objetivos formales de la investigación.

En una reunión, por ejemplo, un miembro del equipo comentó que dos de sus entrevistados habían elogiado al antiguo gerente de la planta, el «Viejo Doug», en términos líricos. Entonces alguien comentó que había oído comparar desfavorablemente al nuevo gerente, Peele, con Doug. Otro entrevistador había captado el comentario de que el nuevo gerente pasaba demasiado tiempo en la planta. Al aportar cada miembro del equipo su porción informativa al debate del grupo, pudimos detectar una uniformidad tentativa y empírica; en este caso, una generalización sobre el «Mito de Rebeca». El principal argumento a este respecto es, por supuesto, que si los analistas hubieran trabajado aislados entre sí, cada uno habría tenido mucho menos conocimiento de los protocolos de los demás entrevistadores y habría tardado mucho más en detectar la similitud entre observaciones en apariencia dispares.

Una vez detectada por el grupo un área significativa, se avanzaba en generalizaciones provisionales para relacionarla con otras observaciones, para sugerir hipótesis explicativas, o para buscar predicciones interpretativas en la teoría existente. Una vez detectada una generalización empírica provisional, el grupo hacía un esfuerzo deliberado por comprobarla en entrevistas posteriores. De manera similar, las hipótesis que surgían al debatir una nueva generalización empírica también redirigían los esfuerzos entrevistadores del grupo. A partir de entonces intentábamos recoger datos que pudieran comprobar la hipótesis.

Por citar otra ilustración de cómo los procesos de grupo afectaban a los procedimientos de investigación: una persona comunicó al grupo que se había fijado en la construcción de nuevas casetas cerca de la cadena de montaje para usarlas como despachos de los supervisores, desde los cuales podían echar un ojo y vigilar a los trabajadores. Otro le recordó al grupo que, hasta entonces, los supervisores se las habían arreglado con discretos «agujeros en la pared» muy alejados de la cadena. Y otro miembro del equipo mencionó que se había fijado en un nuevo aviso en el tablón de anuncios diciendo que a partir de entonces habría que fichar a la hora exacta. Hasta entonces se había permitido un retraso de media hora. Alguien más aportó la observación de que los trabajadores ya no usaban el equipo de la Compañía para las reparaciones domésticas o para ayudar a los agricultores vecinos.

Por sí solas, ninguna de estas observaciones significaba demasiado; pero cuando se expusieron todas juntas en grupo, pusieron de manifiesto un patrón de creciente burocratización. Aceptando esto tentativamente, buscamos nuevas observaciones en otras áreas que podíamos usar para comprobarlo por nosotros mismos. Empezamos a examinar las relaciones entre el nuevo gerente de planta y los supervisores, y descubrimos que estaban cada vez más regidas por normas. Esto daba mayor peso a nuestra generalización referente al aumento de la burocratización y, a su vez, dio lugar a hipótesis referentes a la influencia de la sucesión en el desarrollo de la burocracia.

Durante todo ese tiempo, se produjo también una intrincada interrelación entre la teorización y la recogida de datos. Por ejemplo, aunque desde el principio habíamos sentido la necesidad de establecer varios *tipos* de patrones burocráticos, sólo después de adquirir datos concretos sobre las normativas de seguridad encontramos vía «libre» para desarrollar nuestra tipología específica. Todos los entrevistadores habían recibido una intensa formación teórica y podían participar tanto en este nivel como en otros. En ningún momento se vio nadie relegado a la función de especialista técnico. De hecho, en un momento u otro, todos participamos en las operaciones de investigación, ya fuesen elevadas o nimias.

Aunque los miembros del equipo eran, con dos excepciones, estudiantes universitarios inexpertos, poseían experiencias compensatorias. Por ejemplo, dado que el área de Lakeport está muy industrializada, muchos miembros del equipo habían trabajado en fábricas para pagarse la universidad. Por eso conocían las fábricas y a los obreros de primera mano, y esto resultaba muy útil. Además, aun siendo estudiantes, eran más mayores y maduros que los estudiantes normales, porque ya habían estado en el ejército. Esta experiencia común, por cierto, aumentó sin duda la solidaridad del grupo.

Aparte de esto, y quizá por sus experiencias en la guerra, los miembros del equipo poseían un impresionante respeto por la dignidad humana individual. De hecho, uno de ellos se sentía muy culpable por «fisgonear burocráticamente» en la intimidad de la vida de los trabajadores. Ésta es una cuestión real para la que no cabe una respuesta a la ligera. Todos discutimos ampliamente el problema: ¿qué derecho *teníamos* a inmiscuirnos en la vida de otros? Sólo pudimos concluir, al final, que creíamos en nuestro trabajo y que pretendíamos y esperábamos que fuese de utilidad; o, más propiamente, que aportase conocimientos para ayudar a las personas en sus dificultades humanas. No dudamos por un momento de que esta preocupación por los individuos y su bienestar, una sensibilidad que ninguna educación formal en investigación podría jamás esperar inculcar, prendió una chispa y nos ayudó a conseguir la aceptación de los trabajadores.

El trabajo de campo:
Everett C. Hughes

1/ Al rescate de la obra de Everett C. Hughes (1897-1983)[1]

Juan José Castillo

En 1996 se preguntaba, retóricamente, Amselm Strauss, por qué creía importante seguir leyendo a Everett Cherrington Hughes, y entre las muchas razones que argumentaba, estaban desde sus aportaciones a la sociología general, o su papel fundamental en el enlace entre lo que se vino a llamar la primera Escuela de Chicago, en la sociología norteamericana, y una segunda generación de investigadores, a muchos de los cuales formó él mismo; estaba, también, su papel por haber dejado una impronta indeleble en la actual, de esos años noventa, sociología del trabajo. Y, desde luego, en una de las corrientes científicas fundamentales, a mi juicio, de la sociología contemporánea[2].

Y algo muy semejante argumentaba Lewis Coser en la introducción al volumen editado por él mismo, recogiendo una selección de textos de Hughes en 1994, *On work, race, and the sociological imagination*[3]. Y, por supuesto, estas dos referencias no son sino una pequeña muestra de los innumerables balances, testimonios, y ediciones de textos de Hughes que se han sucedido antes y después de su fallecimiento en 1983. Por mencionar sólo algunas de ellas, vale la pena dejar aquí constancia de homenajes como el de David Riesman, y de su insuperable antología de 1971, *The sociological eye*[4]. Junto a ella, desde luego, el homenaje y

---

1 Publicado originalmente en *Sociología del Trabajo*, 2010, n. 70, pp. 109-112.

2 Anselm Strauss, "Everett Hughes: sociology's mission", *Symbolic Interaction*, vol. 19, n. 4, 1996, pp. 271-286.

3 Everett C. Hughes, *On work, race, and the sociological imagination*, Chicago, The University of Chicago Press, 1994, p. 218. (Lewis Coser, editor). Es un volumen de la prestigiosa serie de esta editorial sobre "The heritage of sociology".

4 David Riesman, "The legacy of Everett Hughes", *Contemporary Sociology*, vol. 12, n. 5, pp. 477-481; Everett C. Hughes, *The sociological eye. Selected papers on work, self and*

tributo de la comunidad científica sociológica que se recoge en el volumen colectivo *Institutions and the person. Papers presented to Everett C. Hughes* en 1968[5]. En este caso se recogen trabajos, no sólo de sus discípulos más próximos, sino también de lo que podríamos definir como la mejor sociología del trabajo, de la sanidad, de las instituciones, de la metodología…, en fin, un tributo y reconocimiento que es una muestra del papel de este gran sociólogo, en muy diversos terrenos de investigación.

Y lo que más nos interesa destacar de esos escritos de homenaje es la permanente alusión a su papel como formador, como guía, como crítico, de los proyectos de sus "doctorandos", sus estrategias de investigación, su permanente pensar el trabajo de campo como una forma de enseñanza: *teaching as field work*, en sus propias palabras.

Si se han de señalar algunos momentos especialmente relevantes para la sociología del trabajo (y, hay que decirlo inmediatamente, para la sociología a secas), podríamos destacar el papel que jugó en una definición *en la práctica de investigación*, del ámbito y del objeto de investigación, el trabajo, con todo su proyecto, es cierto, pero muy específicamente con la edición de un número monográfico del *American Journal of Sociology*, en marzo de 1952, que, como ya mostré en 1996, rompe los esquemas esclerotizados sobre la evolución de nuestro campo de estudio.

En efecto, una piedra blanca en ese camino la ocupa el monográfico que llevaba por título (contra quienes siguen creyendo que el cambio de denominación de "sociología industrial" es cosa de hace unos años) "The sociology of work", de 1952. Pero lo más notable de ese monográfico es que, dando cabida a otro clásico contemporáneo, Donald Roy, hoy vuelto a la palestra sociológica tras la publicación en 1979 de *Manufacturing consent*, de Michael Burawoy, o al estudio seminal de Eli Chinoy sobre los trabajadores del automóvil, incluía estudios pioneros sobre los maestros de escuela, sobre la cultura de los boxeadores, sobre el trabajo de vendedores, de bedeles, etc. Ahora bien, lo más notable de esa edición es, desde luego, el breve estudio introductorio donde los principales problemas de definición de la disciplina que nos asaltaban en los años noventa estaban perfectamente planteados[6].

---

the study of society, Chicago y Nueva York, Aldine-Atherton, 1968 y 1971, edición en dos volúmenes numerados correlativamente.

5   Howard S. Becker, Blanche Geer, David Riesman y Robert S. Weiss (eds.), *Institutions and the person. Papers presented to Everett C. Hughes*, Chicago, Aldine Publishing Company, 1968 y 1971.

6   Véase, Everett C. Hughes, "The sociological study of work: an editorial foreword", *American Journal of Sociology*, vol. 57, n. 5, 1952, pp. 423-426. Tanto este como otros textos que citamos por su edición original se encuentran recogidos en *The sociological*

Hughes se formó y trabajo en distintas universidades tanto en Canadá como en Estados Unidos y, para el tiempo en que publicaba el monográfico que acabamos de citar, era director del Departamento de Sociología de la Universidad de Chicago (lo fue desde 1952 hasta 1956) y editor del *American Journal of Sociology* (lo fue hasta 1961), siendo luego, en 1963, elegido por sus pares presidente de la *American Sociological Association*[7].

Releer a Hughes hoy en día es, como ya escribí en 1996, un ejercicio de modestia y, además, en mi opinión, este clásico norteamericano que habíamos olvidado es un buen maestro al que recurrir cuando, como decía más arriba, nos planteamos la enseñanza de la sociología como trabajo de campo. Una sociología que piensa para investigar e investiga para pensar, anclada en la propia sociedad en la que tiene lugar[8]. Como él mismo escribió en 1956,

> ...los sociólogos se han convertido en estudiosos de gentes vivas. Algunos, claro está, aún estudian documentos. Algunos observan a la gente *in situ*; otros experimentan con ellas y las miran literalmente *in vitro*. Pero, muy ampliamente, el sociólogo en Norteamérica, y en un grado ligeramente menor en otros países, se ha convertido en un entrevistador. La entrevista es su herramienta; y su trabajo lleva la muestra de ello[9].

El texto que reproducimos a continuación se publicó como introducción a la obra de Buford H. Junker, *Field work. An introduction to social sciences*, en 1960. Luego ha sido reproducido en numerosas ocasiones, prácticamente hasta la actualidad, incluidas compilaciones o *readers*[10].

Y es doblemente importante esta indicación porque el trabajo editado por Junker formó parte de un proyecto, liderado y dirigido por Hughes, que, como él mismo menciona en el texto-introducción al volumen, llevó un largo tiempo de trabajo, de experimentación en la formación de estudiantes de sociología, de reflexión y rectificación de aproximaciones, de

---

eye. Un volumen suyo que merece la pena una revisita es *Men and their work*, Londres, The Free Press of Glencoe-Collier Macmillan.

7 Su "presidential address", "Race relations and the sociological imagination", se publicó en la *American Sociological Review*, vol. 28, n. 6, diciembre 1963, pp. 879-890.

8 Véase Juan José Castillo, *Sociología del Trabajo: un proyecto docente*, Madrid, Centro de Investigaciones Sociológicas, 1996, pp. X y 10.

9 Everett C. Hughes, "On sociology and the interview: editorial preface", *American Journal of Sociology*, vol. LXII, n. 2, septiembre 1956.

10 En *The sociological eye*, citado, ocupa las pp. 496-506. El último *reader* que lo recoge es el editado por Darin Weinberg, *Qualitative research methods*, Oxford y Malden (Mss.), Blackwell Publishers, 2002, pp. 139-147.

balance de la forma en que los estudiantes aprendieron esta ciencia del trabajo de campo como teoría aplicada a la investigación social.

Y decimos doblemente, porque es una forma de difundir el espléndido trabajo de Junker, utilísimo para la reflexión metodológica, al igual que para la revisión de investigaciones hoy prácticamente olvidadas. Nosotros lo hemos utilizado desde hace años gracias a la traducción al español realizada en Argentina, y que está disponible en numerosas bibliotecas[11].

La obra de Hughes no ha tenido la repercusión que merece, ni en la comunidad científica ni en su incorporación al *corpus* de los clásicos de nuestra disciplina en España. No ha sido así, por poner un ejemplo próximo, en el caso de la sociología francesa, gracias a la obra de estudio, edición y difusión llevada a cabo por un colectivo de investigadores, entre los cuales se destaca Jean-Michel Chapoulie[12]. Él es quien ha publicado una selección original, que incluye textos nunca publicados, gracias a su trabajo en los archivos, entre otros, del propio Hughes, bajo el título homenaje *Le regard sociologique. Essais sociologiques*[13].

Nuestra esperanza es que ese vacío de olvido comience a llenarse. Para que nuestra capacidad de analizar la realidad social del trabajo, y de transmitirla en la enseñanza, sean mejores en el futuro.

---

11 B. H. Junker, *Introducción a las ciencias sociales: el trabajo de campo*, Buenos Aires, Marymar, 1972.

12 Jean-Michel Chapoulie, "Everett C. Hughes et le développement du travail de terrain en sociologie", *Revue Française de Sociologie*, XXV, 1984, pp. 582-608. Chapoulie ha publicado, entre otras muchas aportaciones, varias de ellas también en Estados Unidos, *La tradition sociologique de Chicago, 1892-1961*, Paris, Seuil, 2001, p. 496.

13 París, Éditions de l'EHESS, 1996, p. 344. (Textes rassemblés et présentés par Jean-Michel Chapoulie).

2/ El lugar del trabajo de campo en la ciencia social (1960)

Everett C. Hughes[1]

[E]l autor, como introducción al libro de Buford H. Junker *El trabajo de campo. Una introducción a las ciencias sociales*, presenta el desarrollo y la elaboración del mismo, como un método de formación sociológica, desplegado en la Universidad de Chicago, que supuso, por otro lado, una investigación detallada que incluyó la recopilación y sistematización de estudios de casos ejemplares, y su análisis y elaboración. Todo ello fue llevado a cabo bajo la dirección del autor, y ese trabajo es el antecedente del libro. A lo largo de su presentación, el autor dedica un tributo a las grandes investigaciones que, desde finales del siglo XIX y principios del XX, moldearon la mejor tradición de la sociología del trabajo. Asimismo, enfatiza el papel que este enfoque supone para las estrategias de formación, destacando el peso que la observación directa tiene en el caso de los jóvenes sociólogos y sociólogas. Termina valorando el gran potencial de hacer, de este modo, sociología de la sociología, para un avance de la disciplina].

En este volumen, el trabajo de campo se refiere a la observación de la gente *in situ*; se trata de conocer a las personas donde están, de acompañarlas en algún rol que, al par de resultarles aceptable, permita observar íntimamente ciertos aspectos de su conducta e informar sobre ésta de acuerdo con métodos útiles para la ciencia social, pero no perjudiciales para las personas observadas. No es

---

1 "Introducción" a la obra de Buford H. Junker, *Field work: An introduction to the Social Sciences*. Chicago, University of Chicago, 1960. Versión española: Buford H. Junker, *Introducción a las Ciencias Sociales: el trabajo de campo*, Buenos Aires, Marymar, 1972. Publicado en *Sociología del* Trabajo, 2010, n. 70, pp. 113-123. Traducción de Anibal Leal.

fácil hallar una fórmula adecuada, incluso en el mejor de los casos; puede ser imposible en algunos: por ejemplo, una sociedad secreta dedicada al delito o a la revolución, o que simplemente abraza "ideas peligrosas". Pero es posible estudiar a la mayoría de las personas, y la mayoría puede realizar más trabajo de campo que el que cree. Ampliar de este modo las percepciones sociales y el conocimiento social que uno tiene, y contribuir así al conocimiento social de carácter general es una actividad fatigosa, pero sugestiva y satisfactoria. Su aprendizaje –nos referimos a ambos aspectos, observar e informar– puede exhibir en parte las características de un psicoanálisis superficial. Pero, como ocurre en otros tipos de auto-descubrimiento, no es posible aprender más acerca de uno mismo si no se está sinceramente dispuesto a ver a otros bajo una nueva luz, y también a conocerlos.

Pero tal vez deba decir algo de la historia del proyecto que determinó el nacimiento de este volumen. El doctor Junker, hombre de amplia y variada experiencia de campo –en Yankee City, en una cárcel, en comunidades del Sur y del Medio Oeste, en diferentes profesiones e instituciones, en diversos grupos raciales y étnicos, en unidades del ejército norteamericano destacadas en territorios de Estados Unidos y en Europa–, ha pensado en este proyecto durante muchos años. Ha realizado trabajo de campo acerca del trabajo de campo. En 1951 aunó fuerzas conmigo en un proyecto cuyo objetivo era precisamente éste[2].

¿Qué me movió a iniciar tal proyecto? Seguramente no fue la creencia de que sea fácil realizar observaciones de campo. Supongo que una vez que he iniciado la tarea, no la ejecuto del todo mal. Pero para mí siempre ha sido una tortura. Es mucho más fácil manejar documentos; basta quitarles el polvo, abrirlos, y ya se tiene el placer de ver palabras y pensamientos sobre los cuales nadie había puesto los ojos durante muchos años. Pero en todos los proyectos que he iniciado, con el fin de estudiar a los corredores de bienes raíces, o el movimiento obrero católico en Renania, o los nuevos centros industriales de Québec, llegó el momento en que tuve que abandonar los informes estadísticos y los documentos y comenzar a navegar por mi cuenta. En ese punto comenzaba la verdadera actividad, aunque el conocimiento previo era siempre

---

2   El proyecto contó con un subsidio de la Fundación Ford a la División de Ciencias Sociales de la Universidad de Chicago. El profesor W. Lloyd Warner y el extinto profesor Robert Redfield desempeñaron la función de asesores.

muy útil; en realidad, a menudo posibilitaba las conversaciones que abrían el campo. Quien posee cierta información y solicita más, tiene menos probabilidad de ser rechazado que el que carece de información previa; quizá la mejor forma es poseer esta última, pero demostrarla únicamente en el tipo de preguntas que uno formula. No obstante, si generalmente he vacilado cuando tuve que descender personalmente al campo, y tal vez anduve dando vueltas a la manzana antes de reunir valor suficiente para golpear a las puertas, en una situación que afronté casi con más frecuencia que cualquiera de mis alumnos (por haber estado en ello durante más tiempo), debo decir que también he enviado al campo a un elevado número de alumnos. Al escucharlos me compenetré de sus problemas; y también me convencí de que la mayoría de los estudiantes pueden aprender a efectuar observaciones de campo, y de que esta actividad los beneficia.

Cuando llegué a la Universidad de Chicago, en 1938, mis colegas me asignaron un curso de introducción a la sociología. Asistían principalmente jóvenes que ya habían cursado dos o más años de ciencias sociales en el *college* de la Universidad de Chicago. Probablemente sabían más de ciencias sociales que sus colegas de cualquier otra institución de este continente. Pero muchos de ellos aún no habían llegado a ese punto de la educación en que uno percibe el vínculo entre las pequeñas y las grandes cosas. Querían que todo –los hechos y las ideas– fuese grande. Tendían a impacientarse con las pequeñas observaciones que, acumuladas, constituyen el fundamento de la cultura y la sociedad. Para muchos de ellos la vida real parecía un fenómeno banal, trivial y a menudo erróneamente orientado.

Utilicé diversos recursos para lograr que algunos de los estudiantes recopilasen personalmente datos sociales, con la esperanza de que esa experiencia les infundiese un concepto más real acerca de los problemas de la acumulación de datos sociales y su transformación, mediante el análisis, en hechos sociales. Con el tiempo di un paso más audaz. Como no se corría el menor peligro de que estos alumnos dejaran de sufrir la influencia de las teorías sociales, con la aprobación de mis colegas reemplacé el curso general por un período completo de introducción al trabajo de campo.

Si bien nunca delimitamos inflexiblemente el curso, había una pauta general que no variaba mucho. Cada alumno, solo o con otro, formulaba una serie de observaciones en un distrito censal o en otra pequeña área de Chicago ajena a su experiencia cotidiana, e informaba casi semanalmente sobre esas observaciones. Nosotros analizábamos los problemas que los alumnos encontraban en el campo. Se les pedía que observasen especialmente qué papel se les atribuía a las personas de los sectores estudiados, y que hallasen una explicación para los roles peculiares que se les asignaban. Una vez cumplidos los diferentes tipos de observación asignados se les pedía que elaborasen un proyecto de estudios que una persona de modestos recursos pudiera ejecutar en ese sector.

Después de varios años durante los cuales casi todos los alumnos de sociología y muchos de antropología y otros grupos realizaron la experiencia, solicité y obtuve un pequeño subsidio, destinado a coordinar los datos aportados por varios centenares de estudiantes acerca del aprendizaje y la ejecución del trabajo de campo, y a determinar cómo realizaban la observación de campo las personas dotadas de mayor experiencia y cultura.

El doctor Junker asumió la dirección del proyecto. El doctor Ray Gold entrevistó a los alumnos del curso acerca de sus experiencias de campo. Organizamos un seminario, en cuyo transcurso varias personas que habían realizado observaciones de campo sobre una gran diversidad de problemas y en muchas situaciones distintas informaron sus experiencias. Se preparó un archivo de los diferentes informes. Una experta en bibliografía, la señorita Dorothy Kittel, nos ayudó a localizar documentos que contenían experiencias de personas que se habían dedicado a trabajos de campo. Incorporamos parte del material obtenido a un documento de circulación privada, "Casos del trabajo de campo". Las páginas de este volumen del doctor Junker representan en parte una condensación más resumida y legible de aquel material. Pero no es sólo eso. Además, esta obra representa ocho años de reflexiones y trabajo del autor.

Quienes participaron en este proyecto afirmaron su convicción de que el trabajo de campo no es simplemente uno de varios métodos posibles de estudio social, sino el principal. Más que otros métodos de estudio, es en sí mismo una práctica, realizada conscientemente, en la esfera de la propia sociología –en la percepción y la predicción de roles sociales, tanto los de uno mismo como los ajenos–. Para utilizar las palabras de George Herbert Mead, consiste en intercambios de actitudes sociales provisorias. El doctor Junker desarrolla este tema. Por mi parte, me limitaré a algunas observaciones generales acerca del lugar del trabajo de campo en las ciencias sociales.

Cuando se lo menciona como actividad de los especialistas en ciencias sociales, el trabajo de campo trae a la mente ante todo el caso del etnólogo o del antropólogo que recorren comarcas remotas, observando y registrando las costumbres, el lenguaje, los artefactos y las características físicas de pueblos exóticos o primitivos. Cabe presumir que han acudido a esos sitios porque la gente que les interesa jamás escribió nada acerca de sí misma, o porque si lo hizo no ha tenido el hábito de registrar las cosas que el etnólogo o el antropólogo desean conocer. Los primeros manuales publicados con el propósito de ayudar a los etnólogos, indicaban al futuro observador qué era lo que debía mirar, no cómo hacerlo. Después, los antropólogos –Malinowski, Margaret Mead, y otros– han relatado con profundidad sus experiencias de campo.

Hasta una generación atrás, la expresión "trabajo de campo" también habría evocado lo que entonces se denominaba "encuesta social". A principios del siglo XX, los encuestadores sociales se dirigían a los barrios bajos de las grandes ciudades de Gran Bretaña y América del Norte para observar las "condiciones" en que vivían los pobres de la nueva clase industrial urbana. Luego informaban acerca de esas condiciones, bajo la forma de simples tablas estadísticas sobre el consumo de alimentos y ropas, los salarios, la vivienda, la enfermedad y el delito. Pero también describían lo que habían visto, "en plenitud, libremente y sin rodeos", como solía decir Robert E. Park, con la esperanza de que un público soliviantado modificara la situación. La obra de esta gente tenía su contraparte periodística y literaria en los "removedores de barro". Los diecisiete volúmenes de *The Life and Labour of the People of London*, escritos por Charles Booth, documentan varios años del tipo de observación que entonces y por varias décadas se denominó "encuesta social". Entre los colaboradores de Booth había "visitadores" escolares, que iban de puerta en puerta para observar las condiciones y conversar con la gente. También visitaban iglesias, clubes, posadas, parques y casas de empeño; entraban en las fábricas, diques y otros lugares de trabajo de los pobres en el *East Side* de Londres. Esa labor continuó durante varios años; y cuando finalmente realizaron el trabajo de campo para una serie de volúmenes titulados *Religious Influences*, describieron no sólo las débiles instituciones religiosas del *East Side* de Londres, sino también las instituciones recreativas –incluidas las tabernas–, que aparentemente habían reemplazado a la iglesia en la vida de la clase trabajadora. Más que removedores de barro, habían llegado a ser informantes que contemplaban con simpatía el panorama. También habían creado una tradición de observación social con dos facetas: 1) los tipos de datos que, según se creía, importaban para la descripción de la vida social de los pobres; 2) el modo de obtenerlos. También en América del Norte se afirmó y desarrolló una tradición: la Encuesta Pittsburgh (Kellogg, 1909-14), que informaba sobre las condiciones de vida y de trabajo de los inmigrantes empleados en la industria siderúrgica, fue el más amplio y notorio de esos proyectos en Estados Unidos. En Francia, Le Play reunió datos acerca de los ingresos y los gastos de las familias. En todas estas actividades, los investigadores acudían a los pobres de la clase trabajadora y urbana para recoger información que en ese momento no aparecía en los censos realizados por las autoridades públicas. En muchos casos el sentimiento humano y la curiosidad de los encuestadores los indujo a recoger otros tipos de información, y de hecho se convirtieron en los etnólogos de las clases sociales y de otros grupos sociales distintos de los propios.

En efecto, las viejas encuestas sociales revelaban y describían costumbres e instituciones tanto como opiniones. En el curso de su examen de las formas de vida en Londres, Bosanquet conoció las peculiares funciones de la casa de empeños en relación con los pobres de Londres[3]. Booth describió las instituciones del *East Side* de Londres, y llegó a la conclusión de que era imposible que allí sobreviviera una institución recreativa o religiosa si no contaba con subsidios: éstos podían provenir del juego o de la venta de cerveza, o de la ayuda de las clases medias de otros sectores de la ciudad. También describió detalladamente los hábitos alcohólicos, por edad y sexo, de los sectores trabajadores, y llegó a la conclusión de que el hecho de enviar a los niños a buscar una jarra de cerveza para el té del padre no tenía las horribles consecuencias que la clase media le atribuía[4].

Aunque en Europa las encuestas no aparecían asociadas con el nombre de la sociología, en Inglaterra y en Estados Unidos el movimiento de la encuesta vino a ser parte del peculiar enfoque

---

3   Helen D. Bosanquet, *The Standard of Life and Other Studies*, Londres, Macmillan & Co., 1895.

4   El lector hallará una reseña del desarrollo ulterior de la encuesta social en Gran Bretaña, en la obra de D. Caradog Jones, *Social Surveys*, Londres, Hutchinson's University Library, 1949; véase también su artículo "Evolution of the Social Survey in England since Booth", *American Journal of Sociology*, XLVI, pp. 818-25.

sociológico. Los asistentes sociales, figuras importantes en las viejas encuestas, se orientaban paulatinamente hacia el trabajo de casos individuales y, al parecer, se desinteresaron de las comunidades, los grupos y *los* estilos de vida. La asistencia social "profesionalizada" abandonó la encuesta social para orientarse hacia la psiquiatría, que utiliza un rol muy diferente de investigación y recoge informaciones de distinto carácter.

El rasgo singular del primitivo departamento de sociología de la Universidad de Chicago fue que reunió a Albion W. Small, firme partidario tanto de la sociología teórica alemana como del evangelio norteamericano de reforma, y a varias personas que estaban identificadas aun más estrechamente con las encuestas, la reforma y los problemas sociales. W. I. Thomas, que inspiró y realizó el gran estudio titulado *The Polish Peasant in Europe and America*, con la colaboración de Florian Znaniecki, se ajustó a la tradición de la encuesta social, pero también la orientó en una nueva dirección, la de un análisis teórico más consciente de sí mismo y más agudo. Robert E. Park, que más tarde se incorporó al departamento, combinó en medida todavía mayor que los otros las dos facetas de la sociología norteamericana. En Heidelberg se había diplomado en filosofía con un tratado teórico sobre la conducta colectiva de la multitud y el público[5]. Sin embargo, su interés en la conducta de las multitudes y los públicos se desarrolló durante sus doce años de trabajo en un diario como cronista y luego como jefe de la sección de noticias locales. Tal vez pueda afirmarse que hizo más que nadie para crear la nueva sociología norteamericana, cuyos cultivadores realizaron observaciones de campo con el fin de promover el conocimiento teórico y práctico de la sociedad urbana moderna.

Bajo su influencia y la de sus colegas, centenares de estudiantes de sociología de la Universidad de Chicago iniciaron trabajos de campo en diferentes sectores de la ciudad. La labor de estos alumnos fue coordinada durante algunos años por la doctora Vivien Palmer, que luego publicó un libro sobre el modo de realizar este tipo de observaciones[6]. Cuando se crearon métodos cuantitativos más eficaces de elaboración de los datos sociales, declinó la práctica del

---

5   *Masse und Publikum, eine methodologische und Soziologische Untersuchung*, Berna, 1904.

6   *Field Studies* in *Sociology*, Chicago, University of Chicago Press, 1928. Los Webb escribieron una obra clásica en este campo, con el título *Methods of Social Study*, Londres, Longmans, Creen & Co., 1932.

trabajo de campo. Se lo denominó entonces, con cierta condescendencia, el método "antropológico". Con el tiempo, la misma palabra "encuesta" asumió un nuevo sentido. La expresión "investigación por encuestas" significa ahora el estudio de las opiniones políticas o de otro carácter, entre ellas las preferencias de los consumidores, mediante entrevistas, con preguntas previamente establecidas e individuos elegidos con métodos estadísticos de manera tal que representen a grandes sectores de la población sobre la cual se necesitan informaciones. Ir al campo significa salir a entrevistar a los miembros de la muestra. Se concede cierto lugar a la observación de campo menos formal, pero se la denomina "estudio piloto" o "estudio exploratorio", y se la considera preparatoria de la tarea principal, que es aplicar un cuestionario en el campo. Su objeto es aprender el modo de estandarizar las preguntas que uno quiere formular, y no, en general, determinar qué preguntas deben formularse. A veces se demuestra mucho ingenio en esos trabajos de exploración y comprobación previas, pero por lo común se los realiza con cierta impaciencia, pues demoran el trabajo real que es "administrar" el cuestionario. Una vez determinado el cuestionario, es necesario desechar las dudas acerca de las preguntas, pues en esa etapa resulta demasiado costoso y perturbador modificar el material. Aunque valiosa, la actual investigación sobre la base de encuestas enfoca la observación de campo con un criterio muy diferente del que se expone en esta obra.

Por una parte, encuesta por muestreo debe continuar moviéndose sobre el supuesto de que un sector muy amplio de la población habla un lenguaje tan semejante, tanto literal como figuradamente, que las diferencias en las respuestas no responderán en medida significativa a diferencias de sentido de las palabras contenidas en las preguntas. Se trata de una condición difícil de satisfacer incluso en los países cultos de Occidente: en muchas partes del mundo es imposible satisfacerla. En este nuevo sentido del término, el método de la encuesta debe admitir una pequeña medida de variación en medio de grandes núcleos de definición social común. El trabajo de campo preparatorio se utiliza para determinar los límites de sentido común dentro de los cuales cabe la posibilidad de desarrollar la encuesta. Muy a menudo es necesario excluir a grupos de personas que no pertenecen al mundo social común. En Estados Unidos, muchas encuestas excluyen a los negros y a otros grupos "desviados". Parte del mérito del trabajo de campo del tipo que se analiza en esta obra consiste en que no necesita limitarse a variaciones menores de la conducta en el seno de grandes poblaciones homogéneas. Pero aun en el marco de dichas poblaciones, la observación de campo es más que un paso preparatorio para las grandes encuestas estadísticas. Es un aspecto dinámico de la ciencia social. La mayoría de las encuestas –también aquí hablamos utilizando el nuevo sentido de la expresión– serían mucho más útiles si se complementaran con un trabajo de campo aun más intensivo que el que las precede. Se tiende a explicar las concentraciones y relaciones estadísticas, descubiertas en una encuesta realizada mediante cuestionarios y cuyo texto simplemente ofrece varias especulaciones posibles. Precisamente en este punto el trabajo de campo eficaz en lugar de suministrar datos relativamente "imprecisos" aportará un material más firme. En realidad, esto es precisamente lo que se obtuvo en un estudio reciente del sentimiento de ansiedad en los profesores universitarios[7]. Un equipo de campo siguió a los entrevistadores. De hecho, la ciencia social contemporánea exige muchas cualidades de observación y análisis. La observación de campo es una de ellas.

Había algunas diferencias importantes entre el trabajo de campo de los etnólogos y el de los sociólogos que se ajustaban a la tradición de la encuesta social. El etnólogo era siempre un ser exótico para las personas que él estudiaba; se trataba evidentemente de un extraño, salvo su condición humana, y quizás aun esto él tenía que aclararlo. El sociólogo observaba e informaba sobre un sector de su propio mundo, si bien se trataba de un área empobrecida e impotente desde el punto de vista social. Por la clase a que pertenecía, era casi siempre extraño a la gente a la cual estudiaba; y a menudo era también, hasta cierto punto, un extraño étnico, religioso o racial. De todos modos, se hallaba entre tipos de personas a las que un día u otro podía ver en lugares públicos, y que quizá leían el mismo periódico que él. Con el tiempo, surgieron algunos sociólogos que provenían de los mismos sectores de la sociedad que habían sido o que aún eran objeto de estudio, y comenzaron a informar sobre las minorías –raciales, religiosas, étnicas– de las cuales eran miembros. El sociólogo perdió paulatinamente la condición de extraño que estudia a otros extraños y que informa a gente que es también extraña. El estudioso, el objeto del estudio y

---

7   Paul F. Lazarsfeld y Wagner Thielens (h.), *The Academic Mind: Social Scientists' in a Time of Crisis*, Glencoe, Illinois, Free Press, 1958, con un informe de campo de David Riesman.

el miembro del público destinatario del estudio tendieron a superponerse y a fusionarse cada vez más. Ahora el sociólogo informaba las observaciones recogidas, no en la condición de un extraño total, sino en cierta medida como miembro de un grupo interno, aun cuando, desde luego, el miembro adquiere cierta condición de extraño en el acto mismo de objetivar e informar sus experiencias.

La dialéctica permanente entre el papel de miembro (participante) y de extraño (observador e informante) es esencial para el concepto mismo del trabajo de campo. Es difícil ser ambas cosas simultáneamente. Una solución consiste en separarlas en el tiempo. Uno informa varios años después, distanciado mental y espiritualmente, lo que recuerda de las experiencias sociales en las que participó plenamente.

Es dudoso que uno pueda convertirse en un buen informante social, a menos que haya sido capaz de examinar, en actitud de informante, el grupo social en que se crió. Por otra parte, una persona no puede dedicar todo su tiempo a informar reminiscencias, a menos que se haya separado tanto de su propio punto de partida que pueda revelarlo y explotarlo ante un mundo nuevo, con el cual ahora se identifica. Es necesario aprender a recoger nuevos datos, y a hacerlo en medios muy diferentes, a tono con las exigencias de los nuevos problemas que quiere resolver. También puede resolverse esta dialéctica participando durante una parte del tiempo e informando durante otra, participando privadamente e informando públicamente, o participando públicamente e informando secretamente. Se practican todas estas formas y todas tienen sus dificultades morales, personales y científicas. Pero la dialéctica nunca se resuelve del todo, pues para realizar una eficaz observación social es necesario estar cerca de la gente que vive su vida, y uno mismo debe vivir su propia vida y también informar. El problema del mantenimiento de un buen equilibrio entre estos roles radica en la esencia misma de la sociología y, por cierto, de todas las ciencias sociales.

Cada una de las dos disciplinas –la antropología y la sociología– que han utilizado especialmente el trabajo de campo, posee su propia historia. En cada una de ellas la situación de campo ha tendido a ser diferente de la que hallamos en la otra. El etnólogo informaba sobre una comunidad entera; el sociólogo por lo común observaba e informaba únicamente sobre las personas de cierto sector de una comunidad, habitualmente un sector pobre y sin poder social. En su debido momento ocurrió que de los sectores más singulares y menos conocidos o de las minorías comenzaron a surgir algunos de los sociólogos, que informaban sobre la gente de su propio medio a sus nuevos asociados del mundo académico y la sociedad en general. Este fenómeno incorporó un elemento nuevo a la antigua etnología. Pues el sociólogo ahora informaba observaciones realizadas, no en el papel de un extraño, sino como miembro cabal del pequeño mundo informado. Observaba como miembro del grupo interno, pero en el acto de objetivar e informar su experiencia, inevitablemente se convertía en una suerte de extraño.

Cuando se lean los análisis y los documentos incluidos en esta obra, se percibirá el significado de este aspecto. Pues creo que de todo ello se desprende claramente que las situaciones y las circunstancias en que se realiza la observación de campo de la conducta humana son tan variadas que resultaría imposible abarcarlas en un manual de reglas detalladas; acaso sea menos evidente, pero igualmente válido, que los problemas fundamentales son los mismos en todas las situaciones. El descubrimiento de esta semejanza bajo la cáscara de la variedad es quizás el paso principal y más importante en el esfuerzo por llegar a ser un observador eficaz y de múltiple flexibilidad.

En los parágrafos anteriores nada dije de la lógica de la observación de campo en la ciencia social. Una de las razones por las cuales hasta aquí he adoptado esa actitud es que quise destacar que las distintas secciones de la ciencia social son instituciones históricas al par que divisiones lógicas. Cada una de ellas es el producto de movimientos sociales en el mundo académico o de movimientos externos que luego irrumpieron en el mundo académico. Si bien algunos de los departamentos tienen o pretenden tener un contenido peculiar que los separa del resto, ese contenido es quizá con más frecuencia producto de la historia, convertida en convención y prerrogativa, que de la lógica pura. Podemos concebir una universidad en la que no existiesen más divisiones del contenido que las impuestas por evidentes diferencias metodológicas. Los economistas estudiarían todos los fenómenos que pudiesen ser abordados provechosamente con los métodos elaborados para el análisis de la conducta de los hombres que juegan el juego de maximizar su participación en los bienes escasos, pero deseados. Otra rama estudiaría todos los fenómenos que se prestan a los análisis basados en la observación experta de las relaciones de poder entre los hombres, y así por el estilo. Creo evidente que ésta no es la situación actual. Cada rama de la ciencia social aparentemente es la mezcla de cierta preocupación por una lógica o un método básicos con un interés más o menos monopolista y celoso en cierto conjunto de instituciones o problemas prácticos.

Cabe agregar que, sea cual fuere su lógica o su método básico, cada una cuenta con sus tipos favoritos de datos. Al historiador le encanta manejar un manuscrito que nadie vio antes. Quiere sentarse en un lugar tranquilo y polvoriento de los archivos y copiar algunos fragmentos. Le interesan los manuscritos, y se enorgullece de su capacidad para leer las líneas y las entrelíneas. El especialista en ciencias políticas comparte relativamente este interés o inquietud, pero le atrae especialmente un secreto, más que un documento simplemente raro. El psicólogo se ha consagrado más que otros al estudio de la conducta social, y se ha fijado el modelo del especialista en ciencias naturales, que realiza observaciones depuradas en una situación preparada, es decir, en un laboratorio. El economista y algunos sociólogos prefieren que sus datos adopten forma cuantitativa y masiva. Les agrada especialmente manejar esos datos para crear situaciones con un máximo de probabilidad, y descubrir luego sus variaciones.

Es posible que exista cierta relación entre el número de tipos útiles de datos y los modos de obtenerlos y manejarlos, por una parte, y por otra el número de departamentos de ciencias sociales de una universidad norteamericana; pero personalmente lo dudo. Con el tiempo tal vez descubramos que sólo hay unos pocos métodos fundamentales para reunir datos humanos, y unas pocas técnicas esenciales para analizarlos. Si bien es posible que durante mucho tiempo los departamentos se distingan más por sus inquietudes que por su método, concebido en términos de lógica pura, también puede ocurrir que seleccionemos estas técnicas fundamentales de observación y análisis, y trabajemos sobre ellas sin atender a las fronteras internacionales entre las disciplinas.

Una de estas áreas técnicas será la observación y el registro de seres humanos "en vivo". Los hombres cristalizan algunos de sus pensamientos y actos en artefactos y documentos que los historiadores aprenden a leer con extraordinaria habilidad. Algunos de sus actos se prestan al análisis de pequeños aspectos de conducta, reflejados en enormes cantidades de casos. Pero estoy convencido de que otros sólo admiten la observación atenta en un momento dado –observación que a veces es la del espectador pasivo, otras la del participante activo, a veces la del interventor activo (como en el caso del experimentador grupal y el psicoanalista que evoca dolorosos recuerdos ocultos en la mente del paciente poco dispuesto)–. La observación "en vivo" es aquella a que nos referimos al hablar de observación de campo.

Es un método cada vez más generalizado entre los estudiosos de muchas instituciones modernas (sindicatos, industrias, hospitales, ejércitos), así como entre los estudiosos de las comunidades, cercanas o alejadas del lugar de residencia. La principal peculiaridad de este método es que el observador participa en mayor o menor grado en la red de interacción social que observa, analiza e informa. Aunque observe por el ojo de la cerradura, representa un papel: el de espía. Y cuando informa las observaciones que recogió, por eso mismo se convierte en una suerte de informante. Si observa en el papel de miembro del grupo, puede considerárselo un traidor en el momento en que informa. Incluso el historiador, que trabaja con documentos, afronta un problema de rol cuando informa, a menos que no exista ninguna persona viva que pueda identificarse con las personas o el grupo social en cuestión. El odio de que ocasionalmente es víctima el historiador que destruye ídolos se ceba casi cotidianamente en la persona que informa sobre la conducta de individuos entre quienes ha vivido; y lo que inquieta a la gente observada no es tanto la redacción del informe, como el hecho mismo de pensar en términos tan objetivos. Es una violación de secretos y sentimientos aparentemente compartidos. El lector comprobará que en los análisis y documentos reproducidos en las páginas siguientes nos hemos interesado mucho en las dimensiones de este problema, o sea los dilemas dinámicos de carácter social y personal del hombre que observa y analiza, más de lo necesario para la supervivencia y la participación eficaz, la conducta de la gente que lo rodea, con el fin de informarla a cierto público.

La utilidad de la observación de campo no se limita a una institución o a un aspecto de la vida; la conducta religiosa, económica, familiar, o política, o cualquier otro aspecto institucional de la conducta aportará en cierta medida elementos para la observación de campo. En esa misma medida el observador, sea cual fuere su campo formal o su fraternidad académica, compartirá problemas de aptitud, rol y ética con todos los demás que aplican el método.

La meta del proyecto que originó este libro no era imponer esa idea a los profesionales de la sociología o a los especialistas de otros campos, sino agrupar todos los conocimientos y conceptos posibles en relación con los problemas del aprendizaje y la aplicación del método de la observación de campo, sin limitarnos a las áreas convencionales.

Si hay algún sentido en que el método de campo es peculiarmente sociológico, es éste. Si se concibe a la sociología como la ciencia de la interacción social y los resultados culturales e institucionales de la interacción (que se convierten en factores condicionantes de la interacción futura), la observación de campo se aplica a la sociología. En la medida en que el observador de campo se convierte en observador consciente y analista de sí mismo en el rol de observador, se convierte también en sociólogo puro. Pues los conceptos que necesitará para realizar esta observación del observador son los mismos conceptos necesarios para el análisis de cualquier interacción social. Las dificultades que surgen en el proceso de la observación de campo –la resistencia de los sujetos, el peligro de que su mismo éxito como participante pueda impedirle después una información completa, e incluso la experiencia de ser expulsado de la localidad– son hechos que deben ser analizados sociológicamente. Precisamente porque comprendíamos estos aspectos, nuestro pequeño grupo de investigación exclamó cierto día, casi al unísono: "Estamos estudiando la sociología de la sociología".

Lo anterior tiene un corolario peculiar. El problema de aprender a ser un observador de campo es como aprender a vivir en sociedad. Se trata de formular suficiente número de conjeturas eficaces a partir de la experiencia anterior, de modo que sea posible penetrar en una situación social que aportará más conocimientos y experiencia, los que permitirán formular más conjeturas eficaces y penetrar en una situación mejor, *ad infinitum*.

El problema de todo observador de campo es aprender de que manera él –incluso él– puede continuar ampliando todo lo posible esta serie, y en qué situaciones puede proceder así. En cierto sentido, nos proponemos descubrir el papel del análisis teórico y el papel de la experiencia profunda, así como sus mutuas relaciones.

Perspectiva teórica: Richard K. Brown

1/ Las aportaciones de Richard K. Brown (1933-2007)[1]

Juan José Castillo

El texto que reproducimos a continuación fue presentado por su autor, en septiembre de 1998, en la Reunión Anual, *Conference*, de la revista *Work, Employment and Society* (*WES*), cuyo tema general fue "El estudio del trabajo: tendencias pasadas y futuras".

Es un buen ejemplo de las preocupaciones de investigación y de la agudeza de planteamientos de quien fue, entre otras actividades fundamentales para el desarrollo de la sociología británica, el primer editor y orientador de dicha revista.

Siendo presidente de la British Sociological Association, su "Presidential Address", "Working on work", de 1984, fue un luminoso y orientador texto que, sin duda, sirvió de orientación y guía para la línea editorial de *WES*, y a él se remiten, aún hoy en día, los responsables de su publicación, al igual que se reclaman para sí la "introducción editorial" del número 1 de *WES*[2].

Nuestro primer encuentro con Richard fue en Alicante, invitado por nosotros al Congreso Internacional sobre Pequeñas Empresas y Reorganización Productiva en 1990, que dio origen al monográfico publicado por nuestra revista, "¿Neofordismo o especialización flexible?"[3]. Aquel Congreso fue la ocasión para reunir a distintas revistas europeas, *Sociología del Lavoro*, *Stato e Mercato*, *Sociologie du Travail* y, por supuesto, *Work, Employment and Society*, cuyo responsable era Richard K. Brown.

---

1 Publicado en *Sociología del Trabajo*, 2010, n. 69, pp. 3-4.

2 Richard K. Brown, "Working on work", *Sociology*, vol. 18, n. 3, agosto 1984, pp. 311-323. *Work, Employment and Society*, vol. 1, n. 1, marzo 1987, pp. 1-6.

3 *Sociología del Trabajo*, n. extra, 1991, fuera de colección, 256 p.

Desde entonces, y en muy distintas ocasiones, tuvimos la oportunidad de colaborar con él. De su autoría publicamos un excelente texto de reflexión sobre la evolución de ambas revistas, que no se ha publicado en inglés, en el número 31 de *Sociología del Trabajo*, "Diez años de sociología del trabajo"[4].

Nuevamente Richard nos aportó su saber, su amistad y su bonhomía cuando organizamos un Seminario Internacional Complutense, en 1998, sobre "el trabajo del futuro"[5].

Pero a la última de nuestras invitaciones, un Seminario Internacional Complutense sobre "El trabajo invisible", que tuvo lugar en junio de 2001, Richard ya no pudo asistir, porque un infarto le impidió seguir llevando a cabo su actividad. Cuando publicamos los resultados, ese número especial de *Sociología del Trabajo*, llevaba una dedicatoria sencilla y sentida: "Para Richard Brown, maestro y amigo. *With love*"[6].

La obra de Richard Brown, glosada con ocasión de su fallecimiento en 2007, comprende aportaciones de primera magnitud, tanto para la sociología del trabajo como para la sociología a secas. Y, desde luego, su compromiso personal fue y será siempre un ejemplo de compromiso ciudadano[7].

Por eso lo hemos elegido para inaugurar la sección de clásicos contemporáneos en *Sociología del Trabajo*, y por eso mismo lo incorporamos al presente libro. Con nuestro reconocimiento y admiración personal.

---

4   Richard K. Brown, "*Work, Employment and Society*: los diez primeros años", *Sociología del Trabajo*, nueva época, n. 31, otoño 1997, pp. 57-83.

5   Richard K. Brown, "El reto del trabajo del futuro para las Ciencias Sociales del Trabajo. Una perspectiva desde Gran Bretaña", en J. J. Castillo (ed.), *El futuro del trabajo*, Madrid, Editorial Complutense, 1999, pp. 59-81.

6   *Sociología del Trabajo*, nueva época, n. 45, primavera 2002, "Editorial. El trabajo invisible".

7   Véanse las notas publicadas por Ian Roberts y Huw Benyon, en *Work, Employment and Society*, vol. 21, n. 4, 2007, pp. 613-616. Y, al menos, sus libros: *Understanding industrial organisations. Theoretical perspectives in industrial sociology*, Londres, Routledge, 1992; y *The changing shape of work*, Houndmills, Macmillan, 1997.

2/ ¿Sucesión o acumulación? Sobre los cambios en los enfoques teóricos y en las preocupaciones sustantivas de la sociología del trabajo y del empleo (1998)

Richard K. Brown[1]

Enfoques teóricos

Hace aproximadamente treinta y cuatro años, John Goldthorpe presentó una ponencia en la Conferencia de Profesores Universitarios de Sociología titulada "Orientaciones hacia el trabajo y comportamiento laboral entre operarios de cadenas de montaje: una contribución hacia un enfoque de acción en la sociología industrial" (Goldthorpe, 1965). En esta forma inicial la ponencia nunca llegó a publicarse, aunque una versión reducida de sus hallazgos empíricos claves apareció al año siguiente en el *British Journal of Sociology* (Goldthorpe, 1966) y, por supuesto, gran parte del material fue incluido y desarrollado en el primer volumen de *The Affluent Worker* (Goldthorpe *et al.*, 1968).

En la inédita primera parte de su ponencia, Goldthorpe exponía "la secuencia de los principales enfoques teóricos que hasta ahora han sido seguidos por los investigadores de la persona y la sociedad en sus intentos de proporcionar explicaciones de las actitudes y comportamiento general de los trabajadores industriales". Estos enfoques eran "el primer enfoque de 'gestión científica'", "el enfoque del 'factor humano'", "el enfoque de las 'relaciones humanas'" y "el enfoque de las 'implicaciones tecnológicas'". Goldthorpe describió esta secuencia como "de naturaleza claramente dialéctica" y finalizaba el proceso, y su ponencia, abogando por un quinto enfoque sobre la sociología industrial, el enfoque "de la acción".

Esta perspectiva general de los desarrollos "teóricos" de la sociología industrial se demostró extraordinariamente influyente y sólida. No era la única formulación de las diferentes maneras por las que se podía estudiar el trabajo industrial: otras se dirigían más explícitamente a los legados de

---

1 Publicación óriginal, *Sociología del Trabajo*, 2010, n. 69, pp. 5-18.

Marx, Weber y Durkheim (por ejemplo Eldridge, 1971), o rastreaban las maneras en las que el enfoque de Weber sobre la burocracia había sido criticado y revisado (por ejemplo Pugh *et al.*, 1963). Pero la secuencia de Goldthorpe, algunas veces en una forma considerablemente elaborada y ampliada, figuraba de alguna manera en varios de los textos más utilizados (por ejemplo Eldridge, 1971, parte 1; Watson, 1980, capítulo 2; Grint, 1991, capítulo 4) y más notablemente proporcionaba a Michael Rose el marco para *Industrial Behaviour. Theoretical development since Taylor* (1975).

Una de las razones de su supervivencia se encuentra en la manera en que la supuestamente "dialéctica" secuencia podía ampliarse para incluir el desarrollo desde la década de 1960. Así, en la segunda edición de su libro, Rose (1988), por ejemplo, incluye una extensa sección que se ocupa en gran parte del "análisis del proceso del trabajo" (véase también Brown, 1992), el enfoque teórico que llegó a dominar el estudio del trabajo y el empleo a principios de la década de 1980. Y, aunque casi con seguridad no sea yo la persona adecuada para realizarlo, claramente sería posible ampliar la secuencia para incluir pre/ocupaciones más recientes.

Los enfoques basados en conceptos y perspectivas foucaultianas, en la preocupación por la subjetividad y la identidad y por las maneras en que se puede ejercer el poder y el control a través del discurso, por ejemplo, pueden considerarse como una reacción contra el explícito rechazo de Braverman de cualquier consideración de los aspectos «subjetivos» dentro del análisis del proceso del trabajo. Y más recientemente, en los estudios del trabajo también han destacado las preocupaciones por las culturas organizativas y ocupacionales y las identidades individuales.

Preocupaciones sustantivas

Una manera diferente, y posiblemente más importante, de caracterizar la naturaleza cambiante del estudio del trabajo y el empleo se centraría en las maneras en que las preocupaciones fundamentales han cambiado a lo largo del tiempo. Cualquier caracterización semejante está destinada a ser selectiva y parcial, pero creo que se pueden identificar algunas tendencias generales.

Desde finales de la década de 1940 hasta principios de la de 1960, cuando Gran Bretaña estaba tratando de restablecer su industria dentro de la competitividad de la posguerra, la investigación estaba dominada por la preocupación por la productividad: los sistemas salariales, incentivos y otras gratificaciones; la organización de la dirección; el cambio técnico y la resistencia que encontraba; la contratación de categorías particulares de trabajadores. Sin duda esta orientación estaba alentada por las condiciones de las que dependían en aquel momento gran parte de los fondos de investigación (véase Seear, 1962). En las huelgas que se produjeron durante la década de 1960, las prácticas restrictivas y otras manifestaciones del conflicto industrial figuraban en un lugar destacado en cualquier discusión popular sobre la actuación de la industria británica. La respuesta del gobierno laborista al nombrar una Comisión Real sobre Sindicatos y Patronales (la Comisión Donovan de 1968), dio lugar a un extenso programa de investigación puesto en marcha y financiado por la Comisión, pero, además, durante este periodo muchos otros proyectos de investigación sobre sociología y relaciones industriales estaban preocupados por temas similares: la estructura de los sindicatos, el papel y las actividades de los delegados sindicales, y la naturaleza y causas del conflicto entre los trabajadores y la dirección. Semejantes pre/ocupaciones continuaron durante la década de 1970, con muchos proyectos que reflejaban y reforzaban el énfasis del informe de la Comisión sobre la importancia de un sistema «informal» de relaciones industriales, en contraste y conflicto con el sistema «formal» de amplias negociaciones colectivas entre organismos representativos constituidos oficialmente (Comisión Donovan, 1968, especialmente pp. 36-37). El centro de la investigación también se amplió para incluir la naturaleza y la posible autonomía de los grupos de trabajo, la calidad de la vida laboral, y –en parte como respuesta a otra investigación oficial (el Informe Bullock de 1977)– las cuestiones sobre democracia industrial y participación.

Sin embargo, en el mismo periodo y con posterioridad tuvieron lugar desarrollos mucho más significativos que pueden señalarse esbozando tres áreas generales.

En primer lugar, los sociólogos empezaron a prestar mucha más atención al funcionamiento del mercado del trabajo, un área que con anterioridad había sido considerada principalmente de interés para los economistas. A finales de la década de 1970 y comienzos de la siguiente esto llegó a incluir la preocupación y la investigación sobre el desempleo y los desempleados, que hasta aquél momento había tenido interés para una minoría.

En segundo lugar, las cuestiones de género y las situaciones y acciones de las mujeres en el empleo, y en el trabajo en otros contextos, empezaron a recibir adecuada atención por parte de los investigadores. Esto se reflejó en 1974 en las contribuciones a la conferencia anual de la British Sociological Association (véase Baker y Allen, 1976), y posteriormente en una continua corriente de libros y artículos de investigación que recorrieron un largo camino para llenar la previa e insatisfactoria laguna bibliográfica. (La situación por lo que se refiere a la raza y la etnicidad sigue siendo poco satisfactoria). En parte como consecuencia de esto, la investigación se emprendió en entornos ocupacionales y en áreas de la economía que habían estado en gran parte abandonados hasta entonces: el trabajo a tiempo parcial, temporal, y otras formas no regulares de empleo, el trabajo en el sector de servicios, el trabajo doméstico y así sucesivamente.

Esto se superpone con la tercera área: la ampliación de la investigación desde una concentración en el empleo industrial, especialmente el de los varones, y en los trabajadores manuales industriales, hasta una preocupación por todas las formas y todos los contextos del trabajo, incluyendo el autoabastecimiento (véase Pahl, 1984), y por las interrelaciones entre ellos. Este desarrollo contribuyó a, y está reflejado en, la redefinición del campo de manera que las pre/ocupaciones estrechamente limitadas de la sociología industrial han sido reemplazadas, en las décadas de 1980 y 1990, por una sociología del trabajo y del empleo mucho más amplia y adecuada.

Durante las dos últimas décadas la investigación ha continuado en todas estas áreas. Al mismo tiempo se ha dedicado mucha atención a la naturaleza y a las implicaciones de los cambios más recientes en la organización del trabajo y en las relaciones laborales: los asociados con la globalización, con las nuevas tecnologías y con la privatización y desregulación; con fenómenos como las así llamadas empresas y mercados de trabajo flexibles, por ejemplo, y con la utilización del Justo a Tiempo y del Control Total de Calidad.

Comentario

Esta breve descripción de algunas de las maneras en las que ha cambiado nuestra disciplina en los últimos cuarenta años más o menos, tanto en términos de perspectivas teóricas dominantes como en cuanto a las principales preocupaciones sustantivas, pasando en el proceso a ser la "sociología del trabajo y del empleo" en vez de la "sociología industrial", es inevitablemente un aporte demasiado esquemático e incompleto. Sin embargo, si se acepta que tenga alguna validez, y yo creo que puede tenerla, da pie a un cierto número de preguntas pertinentes.

Interconexiones

En mi exposición ya he indicado algunas de las maneras en las que los avances y acontecimientos en el mundo "exterior" influenciaron los temas sustantivos elegidos para la investigación, y fácilmente se podrían añadir otras conexiones semejantes, como por ejemplo entre el movimiento feminista y la investigación sobre las divisiones de género. Más problemáticas son las conexiones entre la secuencia de enfoques teóricos y los cambios en los temas sustantivos elegidos para el estudio. ¿Hasta dónde los intereses teóricos han dirigido la investigación empírica; y/o los desarrollos teóricos han sido el resultado de la investigación empírica? Algunas conexiones pueden parecer evidentes, por ejemplo entre el enfoque de las implicaciones técnicas y el estudio del cambio técnico, o de los efectos de las nuevas tecnologías; pero incluso una consideración superficial de la bibliografía sugiere que raramente son tan simples como pueden parecer.

El aumento del interés por el mercado del trabajo puede resultar indicativo de la complejidad que suponen tales conexiones. El "enfoque de acción", como lo expone Goldthorpe, centraba la atención sobre las maneras en que, en condiciones de relativo pleno empleo, la fuerza laboral puede ser en gran parte auto elegida, porque los trabajadores hacen elecciones "de acuerdo a sus actuales necesidades y aspiraciones relativas al trabajo" (Goldthorpe, 1965: 10), y por ello llegan a caracterizarse por orientaciones específicas hacia el trabajo. El estudio de Blackburn y Mann (1979) estaba proyectado en parte para examinar semejante proposición (véase por ejemplo, Ingham, 1970). Sin embargo, este y otros estudios sobre el mercado del trabajo también obtenían su impulso de fuentes bien diferentes: por ejemplo, de la persistencia de la pobreza, incluso entre algunos de los que tenían empleo, y de la discriminación en la asignación del empleo, y dirigían la atención sobre el papel de los mercados de trabajo "duales" o "segmentados" en la estructuración de la desigualdad y en la formación de clase. El análisis del proceso del trabajo, una perspectiva teórica por completo diferente, también dirigía la atención hacia el funcionamiento del mercado del trabajo, debido a su énfasis sobre los procesos por los cuales se produce y reproduce la fuerza de trabajo, y porque la segmentación se veía como una manera de dividir y debilitar a la clase trabajadora (Nichols, 1980, Parte III; Friedman, 1977; Gordon *et al.*, 1982). El crecimiento del desempleo en las décadas de 1970 y 1980 proporcionó nuevos ímpetus para que los sociólogos centraran su atención en los mercados del trabajo y en las consecuencias de las maneras en que funcionan o dejan de funcionar. Por ello, el interés sociológico por los mercados del trabajo no ha sido el simple efecto de una causa única. Por el contrario puede considerarse como parte de un modelo de influencias complejo que incluye tanto los avances en la economía y en la sociedad en general como la exploración de las implicaciones de las diversas posiciones teóricas.

¿Progreso?

Bastante más problemática es la cuestión de si el cambio en los enfoques teóricos, en los contenidos fundamentales de la sociología del trabajo y del empleo, o en ambos casos, representa alguna clase de acumulación o de progreso. ¿Sabemos más sobre el mundo del trabajo y entendemos lo que sabemos de manera más completa?

Temas fundamentales

Respecto a cuestiones y temas sustantivos creo que la respuesta puede ser en gran parte positiva. Como revelan las páginas de *Work, Employment and Society*, así como muchas otras fuentes, sabemos más sobre más clases de trabajo: no solamente las situaciones laborales y las relaciones sociales de los mineros y los trabajadores portuarios, de los trabajadores del sector del automóvil, maquinistas y ensambladores, encargados y capataces, sino también de asalariados que trabajan desde su casa, dependientes y auxiliares sanitarios; empleados del servicio de basuras, empleados de contratas de limpieza y de hoteles y catering; enfermeros, maestros y trabajadores sociales; los que trabajan como corredores de apuestas, en centros de teleoperadores y en almacenes de venta por correo; algo casi inacabable. Esto no es simplemente una cuestión de una etnografía en expansión. Las exposiciones también tienden a mostrar un mayor conocimiento y, generalmente, una mayor conciencia de la importancia de los amplios contextos dentro de los que se desarrolla el trabajo: la importancia, para muchas áreas del empleo, de la competencia global y del cambio tecnológico; las interrelaciones entre la experiencia en el taller o en la planta de oficinas y la naturaleza de la organización dentro de la que se realiza ese trabajo, ya sea, por ejemplo, una compañía trasnacional, una empresa familiar, el sector público o una franquicia; las maneras en las que las misma tareas pueden realizarse en diferentes "sectores" de la economía –el hogar, el sector "formal", por la familia o los vecinos, en los "chanchullos"– y las implicaciones para las relaciones sociales en el hogar, la comunidad y la sociedad en general de actuar en uno u otro escenario. Estos no son avances insignificantes. Como sabe cualquiera que haya luchado por encontrar en Gran Bretaña relatos sobre la industria y el empleo basados en la investigación, para respaldar la enseñanza de la sociología industrial a principios de la década de 1960, la situación actual entonces parecería utópica.

Así, el registro de las cuatro décadas pasadas puede considerarse genuinamente como de acumulación. En la elección de los temas sustantivos para la investigación ha habido, y hay, fuertes elementos de "modas", influenciada sin duda por las prioridades de los patrocinadores de la investigación y por intereses políticos o de los medios de comunicación tanto o más que por los desarrollos internos del tema. Pero las antiguas preocupaciones no parecen quedar por completo abandonadas. Tenemos, por ejemplo, estudios contemporáneos sobre relaciones industriales en el trabajo y sobre la estructura y la actividad de los sindicatos, aunque ninguna de las dos áreas tiene la prominencia que tenía hace treinta años.

También se puede sugerir un nuevo "avance": el grado en que la investigación británica en la sociología del trabajo y del empleo es ahora internacional y comparativa en su cobertura. Sin duda, parte del interés por las relaciones laborales y por la organización del trabajo en otras sociedades y culturas, la investigación sobre la "japonización", por ejemplo, refleja el crecimiento de la inversión interior en Gran Bretaña, y debe esperarse que los recientes cierres de plantas de perfil elevado no conduzcan al regreso de una estrategia de investigación de «pequeño inglés». De hecho no habría que exagerar el avance: todavía hay demasiados de nosotros para quienes, al contrario de muchos de nuestros colegas continentales, cualquier cosa publicada en otro idioma que no sea nuestra lengua nativa permanece siendo un libro cerrado.

Perspectivas teóricas

En relación con las perspectivas teóricas utilizadas para formular y encarar cuestiones de investigación, se puede afirmar también alguna clase de "progreso". Es poco probable, por ejemplo, que un organismo de financiación apoyara en nuestros días un proyecto que pretendiera comparar la adecuada capacidad del enfoque de las "implicaciones tecnológicas" y del enfoque "de la acción" para explicar las actitudes y el comportamiento de un grupo de trabajadores industriales, como lo hizo el SSRC en 1967 en relación con un proyecto de construcción naval. Ambos enfoques se considerarían inadecuados y superados. Una propuesta para investigar el «proceso del trabajo» en un determinado escenario, que podría haber sido aceptable hace quince o veinte años, actualmente se espera que muestre que se ha tomado adecuada nota de las críticas y consecuentes modificaciones a las que el análisis del proceso del trabajo se ha visto sometido.

Lo que es más cuestionable es si la secuencia de enfoques teóricos ha tenido por resultado la aceptada superioridad de un determinado enfoque sobre otros, probablemente el más reciente, o bien ha producido una gradual acumulación que ha creado una síntesis comprensiva en constante superación.

En un estimulante documento de trabajo titulado *The Theoretical Development of Industrial Sociology* (1966), David Gotting ha sometido a la «secuencia de Goldthorpe» y a sus añadidos más recientes a una profunda crítica. Gotting señala que los principales defensores de cada una de las perspectivas teóricas reclaman para su modo de explicación una mayor o menor superioridad exclusiva. Así, señala (1966: 14) que Goldthorpe y sus colegas, por ejemplo, "defienden el enfoque de la acción social como alternativa superior" a los enfoques de las relaciones humanas y de las implicaciones tecnológicas, y cita a Silverman (1970: 4) que presenta el "enfoque de la acción" como "la clara alternativa a... una ortodoxia de sistemas". Continúa citando a Rose (1988: 3) que afirma que "la aparición de un enfoque del proceso del trabajo en la década de 1980 había 'barrido de la vista' los 'enfoques anteriores' del comportamiento industrial". Sin embargo, ninguna de estas alternativas ha demostrado demasiado poder de permanencia, y no hay ninguna razón para esperar que cualquiera que sea la perspectiva teórica dominante en un futuro inmediato resulte más duradera.

Desde luego, no tenemos que aceptar las afirmaciones de que un determinado enfoque teórico sea superior e inconmensurable respecto a otros, y de que gran parte del trabajo anterior en este campo, si no todo, es gravemente deficiente, como por ejemplo tienden a hacer Nichols (1980, introducción) y Thompson (1983, cap. 1) en sus primeras discusiones del análisis del proceso del trabajo. Teóricos de todo tipo, y no solo en la sociología, han estado inclinados a tomar semejante posición absolutista en relación con sus propias ideas, especialmente cuando esas ideas forman un esquema comprensivo. Sus sucesores habitualmente se han negado a aceptar semejantes afirmaciones de todo o nada y han combinado elementos y perspectivas de diferentes enfoques de maneras que pueden ser fructíferas, pero que los creadores hubieran considerado ilegítimas.

Por poner un ejemplo, creo que pocos sociólogos en la actualidad defenderían sistemas de pensamiento tanto en sus variantes estructural-funcionalista como socio-técnica. Pero muchos, quizá la mayoría, querrían reconocer los aspectos sistémicos de cualquier situación social que surja de las maneras en que la acción social tiene consecuencias intencionadas así como no intencionadas.

Un ejemplo de la búsqueda de una síntesis de enfoques teóricos puede encontrarse en la conclusión de Gotting a su crítica de los desarrollos teóricos en la sociología industrial. Gotting sugiere que hay cuatro elementos comunes en todos los enfoques que ha considerado: estructura social/sistema social; la subjetividad de los actores; acción social e interacción; y, las consecuencias intencionadas y no intencionadas de la acción y la interacción. Tal y como los ve, los enfoques teóricos no forman una progresión lineal de menos adecuados a más adecuados, sino más bien difieren en representar relatos particulares y parciales de las cuatro "variables" y de las relaciones entre ellas. Ellas son, "por lo menos potencialmente, complementarias entre sí" (Gotting, 1996: 42-43 y siguientes). Se puede añadir que las cuatro variables de Gotting se podrían colapsar en la dicotomía familiar entre "estructura" y "acción", lo que es tranquilizador pero no facilita el producir un marco universal aceptable para el estudio del trabajo. En la práctica, mi impresión, y no puede ser más que eso, es que la mayoría de los sociólogos del trabajo y del empleo proceden de esta manera. Son conscientes de las afirmaciones que se han hecho sobre la importancia de las relaciones humanas y sociales, de la tecnología, de las orientaciones hacia el trabajo, de las limitaciones de una economía capitalista, o (incluso) del poder del discurso; también son conscientes de la importancia de las consecuencias intencionadas y no intencionadas de la acción social; y formulan su estrategia de investigación para dar lo que consideran el peso apropiado a las consideraciones tanto de estructura y acción, a la luz de lo que saben de la situación o situaciones que van a investigar. El énfasis que realizan, ya sea al emprender la investigación o en las exposiciones y explicaciones que resultan de ella, estará entonces inevitablemente sometido a la crítica y posibles afirmaciones de que énfasis alternativos tienen un mayor poder explicativo.

Creo que esto equivale a aceptar que la investigación de un marco teórico global dentro del cual la sociología del trabajo y del empleo pueda ser desarrollada de manera plenamente satisfactoria es una equivocación. El proceso puede no ser dialéctico, como Goldthorpe afirmó todos esos años, pero la búsqueda del entendimiento y las explicaciones en la sociología del trabajo y del empleo es un proceso que no es probable que alcance una conclusión final aceptable. Solo podemos esperar que nuestras exposiciones y explicaciones se vuelvan más sofisticadas conceptual y teóricamente, que muestren una creciente conciencia de la complejidad del mundo social y desplieguen una creciente elegancia en su formulación, ya sea en términos cuantitativos o cualitativos, y aceptar que nunca serán la última palabra sobre el tema en cuestión.

¿El camino a seguir?

En una estimulante discusión titulada "¿Cuál es el camino a seguir para la sociología del trabajo?", Juan José Castillo, de la Universidad Complutense de Madrid, ha sugerido que la sociología del trabajo está en crisis, incapaz de responder adecuadamente a desafíos, entre otros a que "el trabajo ya no es una categoría sociológica central" y que "su estudio ha venido a ocupar un lugar menos destacado dentro de la disciplina" (Castillo, 1988: 7). Ciertamente afirmaciones similares no son desconocidas en Gran Bretaña. Por citar solo un ejemplo muy reciente: en el número actual de *Work, Employment and Society*, mi colega David Chaney, estudiando libros sobre el consumo, sugirió que "el énfasis sobre la industrialización como motor de la modernidad ha privilegiado inapropiadamente los procesos de producción" (1988: 533); Chaney continuaba sosteniendo la importancia del consumo y de la cultura del consumo para un entendimiento de la sociedad contemporánea.

Aunque no ignoremos estas afirmaciones, creo que es importante mantener y reafirmar la centralidad del trabajo para cualquier entendimiento del mundo moderno. Lo que se consume tiene que ser producido. Incluso si esa producción ya no es tan evidente y visible como lo era en los tiempos de las grandes minas, fábricas, astilleros y oficinas; incluso aunque se produzca fuera del país; sigue siendo igual de importante para describir y analizar cómo se produce la distribución y el intercambio para otras áreas de la vida social.

El tipo de trabajo asalariado que son capaces de realizar permanece siendo un determinante importante de las oportunidades de vida de la gente... La ocupación puede no ser ya el principal determinante de la identidad; las políticas de los empleadores y los gobiernos buscando crear fuerzas de trabajo "flexibles" han apuntado hacia ello, y aquellos que carecen de perspectivas de trabajo seguras, comprensiblemente buscan identidades en los equipos de fútbol, en los grupos pop, en las actividades recreativas y en otras áreas del consumo. Sin embargo, las identidades ocupacionales permanecen siendo importantes para una parte nada desdeñable de la población.

Reafirmar la continua importancia del trabajo para el entendimiento de las sociedades contemporáneas se vuelve más fácil si se considera que el trabajo incluye todas las maneras en que se proporcionan los bienes y servicios, no solo aquellos existentes dentro de las relaciones laborales, incluso aunque ellas puedan ser todavía el escenario más importante para la producción. Castillo (1998: 10) defiende examinar "el proceso de producción completo de determinados bienes y servicios". Esto probablemente lleve la investigación fuera de la concentración en un lugar de trabajo convencional en un país, y requerirá la consideración de proveedores y subcontratistas, del trabajo en el hogar, de los trabajadores en escenarios "formales" e "informales" en ese y en otros países, y ciertamente incluirá aspectos de toda la división internacional del trabajo.

La sociología del trabajo tiene un papel importante que desempeñar no solo como un elemento esencial de la sociología del mundo moderno, sino también en relación con el "sentido común" de todos los días que nos hace entender nuestra situación actual. Este es especialmente el caso en la medida en que se ofrecen entendimientos alternativos, ideológicos, por parte de aquellos, especialmente directivos y políticos, que desean asegurarse la aceptación o el apoyo para sus propias políticas. Frecuentemente se nos dice que tenemos que aceptar "un índice natural de desempleo"; que un cierto grado –quizá considerable– de inseguridad laboral es inevitable en una economía global; que los círculos de calidad u otras técnicas para aumentar la implicación de los asalariados, realmente les otorgan algún poder en su lugar de trabajo; que las técnicas modernas de gestión han creado organizaciones en las que todos los miembros comparten un interés común y se benefician tanto como puede ser posible de sus esfuerzos colectivos. Sin embargo, todas estas ideas y otras similares, necesitan someterse a un escrutinio crítico. La crítica de la noción de "flexibilidad" de Anna Pollert (1988; 1991) y de otros es un ejemplo de lo que puede hacerse. Hace muchos años, Tom Burns (1967: 366-367) declaró "la práctica de la sociología es la crítica… La tarea de los sociólogos es llevar un debate crítico con el público sobre su equipamiento de instituciones sociales", creo que este sigue siendo el caso.

Con la crítica puede llegar la investigación, incluso la defensa, de alternativas a las maneras en las que el trabajo se organiza y adjudica. En el momento actual esto puede significar la iniciativa de buscar posibilidades de investigación sobre temas claramente fuera de moda, por ejemplo, modelos cooperativos de organización del trabajo. También se puede beneficiar de la reconsideración de experiencias pasadas y de la investigación de esa experiencia a la luz de los problemas actuales. Podemos no ser capaces de regresar a las políticas económicas keynesianas y al acuerdo de la posguerra entre el capital y el trabajo, pero todavía hay muchas lecciones que aprender de ese periodo.

Realmente la tendencia comprensible –especialmente entre aquellos que buscan fondos para la investigación– a enfatizar en lo que no sabemos y en "la necesidad de una nueva investigación" no debería oscurecer lo que sabemos y el valor del legado histórico de investigación en la sociología del trabajo y del empleo. La familiaridad con toda esa investigación de las décadas de 1950 y 1960 sobre sistemas de pago por resultados, por ejemplo (véase Lupton, 1961; 1972), podría haber conducido a una menor sorpresa ante el hecho de que las ligas de clasificación educativas y los objetivos de actuación en el servicio de salud podían distorsionar seriamente las actividades de escuelas y hospitales.

Algunas veces parece como si los relatos contemporáneos del trabajo y del empleo se agruparan alrededor de uno de los dos polos: por un lado, un mundo de ahorro de trabajo mediante las nuevas tecnologías, de "empresas" y de "excelencia", de recompensas por la flexibilidad y el compromiso, y por el otro, un mundo de inseguridad, de salarios bajos y desempleo, de peligro, incluso de condiciones de trabajo peligrosas para la vida y de colapso económico inminente. Tendremos nuestras opiniones sobre cuál es más exacto, pero necesitamos someter todos los relatos a un estrecho escrutinio crítico. Muchas de las herramientas conceptuales y gran parte del conocimiento empírico relevante necesario para esa tarea están disponibles. La sociología del trabajo y del empleo tiene un futuro asegurado e importante.

Referencias bibliográficas

BARKER, D.L. y ALLEN, S. (1976): *Dependence and Exploitation in Work and Marriage*, Londres, Longman.

BLACKBURN, R.M. y MANN, M. (1979): *The Working Class in the Labour Market*, Cambridge, Cambridge University Press.

BROWN, R.K. (1992): *Understanding Industrial Organisations. Theoretical perspectives in industrial sociology*, Londres, Routledge.

BULLOCK REPORT (1977): *Report of the Committee of Inquiry on Industrial Democracy* (Chairman: Lord Bullock). Londres, HMSO, Cmnd. 6706.

BURNS, T. (1967): «Sociological explanation», *British Journal of Sociology* XVIII, 4, 353-369 pp.

CASTILLO, J.J. (1998): «Which way forward for the Sociology of Work?», Universidad Complutense, Madrid (no publicado). [Hoy en *Current Sociology*, 49 (2), 1999].

CHANEY, D. (1998): «The new materialism? The challenge of consumption», *Work, Employment and Society* XII, 3, 533-544 pp.

DONOVAN COMMISSION (1968): *Report of the Royal Commission on Trade Unions and Employers' Associations 1965-1968* (Chairman: The Rt. Hon. Lord Donovan), Londres, HMSO, Cmnd. 3623.

ELDRIDGE, J.E.T. (1971): *Sociology and Industrial Life*, Londres, Michael Joseph (edición en rústica, Glasgow, Nelson, 1973).

FRIEDMAN, A.L. (1977): *Industry and Labour. Class struggle at work and monopoly capitalism*, Londres, Macmillan.

GOLDTHORPE, J.H. (1965): «Orientation to work and industrial behaviour among assembly-line operatives: a contribution towards an action approach in industrial sociology», Documento inédito de la Conferencia de Profesores Universitarios de Sociología, Londres, enero.

—— (1966): «Attitudes and behaviour of car assembly workers: a deviant case and a theoretical critique», *British Journal of Sociology*, XVII, 3, 227-244 pp.

GOLDTHORPE, J.H.; LOCKWOOD, D.; BECHHOFER, F. y PLATT, J. (1968): *The Affluent Worker: industrial attitudes and behaviour*, Cambridge, Cambridge University Press.

GORDON, D.M.; EDWARDS, R. y REICH, M. (1952): *Segmented Work, Divided Workers. The historical transformation of labor in the United States*, Cambridge, Cambridge University Press.

GOTTING, D.A. (1996): *The Theoretical Development of Industrial Sociology - some critical observations*, Working Paper núm. 9601, Manchester, Manchester School of Management, UMIST.

GRINT, K. (1991): *The Sociology of Work. An introduction*, Cambridge, Polity.

INGHAM, G.K. (1970): *Size of Industrial Organization and Worker Behaviour*, Cambridge, Cambridge University Press.

LUPTON, T. (1961): *Money for Effort. Problems of Progress in Industry*, núm. 11, Department of Scientific and Industrial Research, Londres, HMSO.

—— (ed.) (1972): *Payment Systems*, Harmondsworth, Mddx., Penguin.

NICHOLS, T. (ed.) (1980): *Capital and Labour. A Marxist primer*, Glasgow, Fontana.

PAHL, R.E. (1984): *Divisions of Labour*, Oxford, Blackwell. [En castellano, Madrid, Ministerio de Trabajo, 1991].

POLLERT, A. (1988): «The "flexible firm": fixation or fact?», *Work, Employment and Society* II, 3, 281-316 pp.

—— (ed.) (1991): *Farewell to Flexibility?* Oxford, Blackwell.

PUGH, D.S.; HICKSON, D.J.; HININGS, C.R.; MACDONALD, K.M.; TURNER, C. y LUPTON, T. (1963): «A conceptual scheme for organizational analysis», *Administrative Science Quarterly* VIII, 3, 289-315 pp.

ROSE, M. (1975): *Industrial Behaviour. Theoretical development since Taylor*, Londres, Allen Lane.

—— (1988): *Industrial Behaviour. Research and control*, Londres, Penguin.

SEEAR, N. (1962): «Industrial research in Britain», en Welford, A.T.; Argyle, M.; Glass, B.V. & Morris, J.N. (eds.) *Society: problems and methods of study*, Londres, Routledge & Kegan Paul, 171-183 pp.

SILVERMAN, D. (1970): *The Theory of Organisations*, Londres, Heinemann.

THOMPSON, P. (1983): *The Nature of Work. An introduction to debates on the labour process*, Londres, Macmillan.

WATSON, T.J. (1980): *Sociology, Work and Industry*, Londres, Routledge & Kegan Paul. [En castellano, Barcelona, Hacer, 1995].

A modo de cierre...
Stéphane Beaud y Michel Pialoux

1/ "A vueltas con la clase obrera". Reflexiones sobre *Retour sur la condition ouvrière* (1999)[1]

Stéphane Beaud y Michel Pialoux* (2004)

¿Conserva su vigencia este libro cinco años después de la publicación de su primera edición? ¿Sigue siendo pertinente evocar un mundo obrero que, según lo que se ha dicho, se ha vuelto "invisible" casi del todo desde los años noventa? ¿Conviene modificar las principales líneas analíticas esbozadas en nuestro libro, viendo las recientes transformaciones del mundo obrero? O, dicho de otro modo, ¿está anticuado su planteamiento, superado por acontecimientos como la globalización, la aparición de un capitalismo salvaje, el desarrollo de deslocalizaciones cada vez más numerosas, la desaparición de partes enteras del mundo obrero (sector textil, calzado, electrónica, etc.)? No es lo que creemos y pensamos que conserva una importancia explicativa para comprender la realidad obrera actual. La presente nota nos permitirá volver a los objetivos que nos proponíamos en la primera publicación del libro, insistir en las cuestiones de investigación que deseábamos abordar y concluir con los retos científicos y socio-políticos que queríamos ofrecer.

---

1 Este articulo se basa en el postfacio, escrito en julio de 2004, a la reedición en formato de bolsillo del libro de los autores *Retour sur la condition ouvrière*, publicado por vez primera en 1999, en la editorial Fayard, de París. A finales de 2003, los autores publicaron un segundo libro, en algún modo, continuación de *Retour...*, en la misma editorial, bajo el título *Violences urbaines, violences sociales*, que ha tenido una gran repercusión social y ha suscitado un gran debate científico a lo largo del año 2004 [JJC]. Publicado en *Sociología del Trabajo*, 2004, n. 52, pp. 37-68. Traducción de Evelyne Tocut.

* Michel Pialoux, Centre de Sociologie Européenne, MSH, 54, boulevard Raspail, 75007 París; Stéphane Beaud, École Normale Supérieure, 48 boulevard Jourdan, 75014 París.

La cuestión de la "clase obrera"

En un primer momento, propusimos al editor como título de nuestro libro *Los obreros después de la clase obrera*. El título, que se ajustaba perfectamente a la intención teórica que subyacía en el libro[2], permitía plantear también una cuestión política, esencial a nuestro modo de ver: ¿en qué se convierten los obreros, privados del soporte material y simbólico que "la clase obrera" les brindó durante mucho tiempo, es decir, la "clase" sindicalmente organizada (sobre todo a través de la CGT) y también políticamente organizada (a través del PCF y de las organizaciones políticas que abogaban por el socialismo)? El potente capital colectivo, material y simbólico, acumulado durante décadas de luchas sociales a través del movimiento obrero (en el sentido amplio del término) permitió que el colectivo obrero se estructurase como "clase movilizada" y que, en contrapartida, los miembros políticos y sindicales elegidos así como los numerosos responsables de asociaciones facilitasen considerablemente su labor cotidiana de representación social y política del colectivo.

Sin embargo, en 1999, año en el que nos decidimos a publicar el libro de síntesis, tras unos quince años de encuestas y publicaciones diversas[3], nos pareció evidente que se había cerrado una página de la historia obrera. Estamos ahora ante una configuración histórica muy diferente: dicho de otro modo, la "clase obrera" (utilizando esta expresión de modo provisional) se encuentra a la defensiva –"vamos constantemente hacia atrás" dicen los militantes–, muy debilitada, fuertemente desarmada y

---

2   Nuestro libro se inscribe también en el marco de una filiación teórica, la de la Sociología de Pierre Bourdieu y del centro de investigaciones al que él dio vida durante treinta años. El análisis de las clases sociales en Francia progresó gracias a la aportación de un enfoque relacional y "constructivista", ampliamente iniciado con los trabajos de P. Bourdieu y L. Boltanski, y utilizado después por los historiadores (como por ejemplo Gérard Noiriel, *cf.* el nuevo prólogo de *Ouvriers dans la société française*) y los especialistas en ciencias políticas (como Bernard Pudal). Los grupos sociales ya no son sustancialistas, al modo de los análisis marxistas, sino pensados y analizados como una realidad sociohistórica producida en el tiempo, sobre todo mediante una labor de representación simbólica y política (por ese motivo, se dice que dichos grupos han sido "construidos"). En este marco teórico, la lucha de clases no se juega sólo en las relaciones de producción (o en la fábrica) sino también a través de las luchas de clasificaciones sociales que se proponen en la representación de los grupos sociales y, en consecuencia, su visibilidad en el espacio público. Se trata por tanto de vincular, en el análisis, la cuestión de las relaciones de dominación que se juegan en el centro del trabajo (la fábrica en el caso de los obreros) con la de las luchas simbólicas que se dan sobre todo en el campo intelectual.

3   Michel Pialoux inició solo la investigación en Sochaux en 1983; luego se unió a él, por primera vez, Stéphane Beaud en el mismo lugar de la investigación, en julio de 1988.

considerablemente desmoralizada[4]. Considerándolo con la suficiente perspectiva temporal, hasta podríamos pensar que el periodo 1936-1980 de la historia de la clase obrera (iniciado con la emergencia en el escenario sindical y político de la "generación singular" en el momento del Frente Popular) no fue sino un paréntesis en la historia de largo plazo del mundo obrero francés: un periodo, excepcional en muchos aspectos, en el que la "clase obrera", apoyada en el Estado social impuesto por las fuerzas de la Resistencia, creció constantemente en número y se afianzó desde un punto de vista político, consiguiendo, con grandes esfuerzos, de las clases dominantes una serie de derechos sociales, los famosos "derechos adquiridos" que estas no dejan de cuestionar.

En resumidas cuentas, se trataba de hacer entender con nuestro libro un proceso central en la historia de la sociedad francesa: el de la desestructuración de la antigua "clase obrera", tal y como se había ido construyendo durante una larga etapa. Era preciso para ello dar cuenta no sólo de su (relativo) debilitamiento numérico, sino, sobre todo, de su debilitamiento político, que se traduce, entre otras cosas, por lo que podemos denominar su pérdida de autonomía simbólica, característica de los últimos veinte años. En pocas palabras, se trataba de entender la tendencia que hizo que, en dos décadas, pasásemos de una situación en la que la "clase obrera" era objeto de todas las atenciones sociales y políticas –especialmente por parte de los intelectuales (*cf.* la foto legendaria de Sartre subido en un bidón en Billancourt)– a la de finales de los años noventa, periodo en el que ya no interesaba a nadie y en el que unos intelectuales que la habían convertido en causa sagrada en su juventud auguraban constantemente la desaparición del proletariado, hasta el punto de que creíamos que había desaparecido de las estadísticas[5]. En resumidas cuentas, una clase que ya no habla o, peor aún, que se ha transformado en un objeto de un discurso lleno de compasión –una "clase fantasma"[6], utilizando el título de un magnífico libro de Jean-Pierre

---

4   Fue lo que nuestra colega socióloga Danièle Bleitrach llamó *La défaite ouvrière* (L'Harmattan, 2001).

5   Uno de los fragmentos del libro que más ha llamado la atención ha sido el de las primeras páginas donde se dice que unos estudiantes parisinos, de nivel de diplomatura en sociología, calculaban el número de obreros en Francia en unos cientos de miles (entre 300.000 y 600.000). Varios periodistas nos han dicho haber formulado, de improviso y como jugando, la misma pregunta a sus compañeros de trabajo. Las respuestas seguían situándose en idéntico cálculo de estimación y la cifra no pasaba nunca del millón. Semejante subestimación del número real de obreros no puede sino darnos que pensar.

6   Editorial Le Reflet, Montreuil, 2003. Señalemos también su primer libro, magnífico también, *Putain d'usine*, Montreuil.

Levaray (obrero cualificado de la industria química)–. A través de las cuestiones de denominación y los términos sociológicos, ¿volveremos acaso al problema esencial de la construcción social del colectivo obrero[7]? Por ejemplo, las palabras utilizadas para designar a los obreros contribuyen, a su manera, a construir la realidad. Hablar, como en el pasado, de peones especialistas o de "obreros no cualificados", o hablar, como en la actualidad, de "operadores", de "BNC" (Bajos Niveles de Cualificación), no es exactamente lo mismo. Son cambios de léxico que implican toda una relación con el mundo. Dicho de modo esquemático, cuanto más se ha debilitado simbólicamente la clase obrera en Francia, menos ha conseguido nombrarse a sí misma y más se ha devaluado el término *obrero* en el mercado lingüístico de las profesiones, cuando sonaba aún muy fuerte y resultaba muy evocador en los años 1960-1970 (pensemos en la expresión generalizadora, "el Obrero", mil veces oída en boca de los "mayores"). Paulatinamente, la clase obrera dejó de dar miedo y de hablar a través de sus portavoces, provenientes todos de sus filas, y progresivamente los diferentes medios de comunicación lograron imponer, para designarla, nombres cuya función eufemística, hasta mágica, tendía a disimular la realidad de la condición obrera, condición vivida de modo cada vez más doloroso por los mismos interesados.

Así, nuestro esfuerzo en términos de construcción del objeto ha consistido en querer relacionar ese proceso de desestructuración de la clase obrera con los cambios ocurridos no sólo en el sistema de relaciones económicas (es el enfoque de la tradición marxista), sino también en otras esferas de la actividad social (la escuela, el lugar de residencia, las familias…). Primero, en la parte dedicada a la fábrica de Sochaux, hemos intentado adoptar un punto de vista sobre la racionalidad gestora[8] distinto del de los gestores y *managers* –y eso es lo que nos diferencia de muchas obras escritas últimamente– y poner de relieve el modo en que se perpetúan o se renuevan una lógicas de dominación y explotación en el trabajo; hasta hemos sugerido que las nuevas lógicas de dominación en el trabajo pueden ser peores actualmente que aquellas que existían antes. Pero hemos adoptado después, para nuestro análisis, una postura de investigación que, situándose en la filiación de las investigaciones teóricas

---

7   Los historiadores (E. P. Thompson, H. Sewell, G. Noiriel en Francia) y también los especialistas en ciencias políticas (M. Offerlé, B. Pudal) no han dejado de plantear la pregunta en trabajos novedosos y han aportado respuestas que han hecho progresar mucho la sociología histórica de la clase obrera. Entre otras cosas, la importancia del lenguaje para entender la constitución de un grupo social.

8   Algo parecido a lo que pudo hacer C. Dejours con su equipo en psicodinámica del trabajo.

y empíricas de Pierre Bourdieu[9], se propone ir más allá de ese tipo de enfoque "marxista", procurando tener en cuenta otros cambios que nos parecen decisivos, como los que están vinculados a las transformaciones en las relaciones intergeneracionales y a la construcción de la autoestima en un espacio social que se halla también en constante transformación.

Por ese motivo, en nuestra investigación hemos insistido en lo que ocurre en la escuela –y no en las trayectorias más nobles de la enseñanza, sino en sus segmentos (que han acabado siendo) desvalorizados, como la enseñanza profesional[10]–. Podemos reconocer ahora que la política voluntarista de la democratización escolar –con sus falsos pretextos– tuvo seguramente un coste enorme para el mundo obrero, ya que, sin por ello garantizar el éxito de sus hijos en la enseñanza general[11], lo ha privado de un apoyo que resultaba seguro, pese a todo, la certificación escolar (de tipo CAP: Certificado de Aptitud Profesional) y la recuperación de la autoestima frecuentemente lograda en esos centros de enseñanza. Sin embargo, tenemos la sensación de que, en el sistema de enseñanza actual, la sociología de la educación de los años 1980-1990 *post Bourdieu-Passeron*[12] ha infravalorado, incluso "olvidado" del todo, la emergencia de una forma de dominación renovada (y desconocida) que implica la aparición de nuevas formas de humillación escolar y, en el caso de los

---

9   *Cf.* Nuestra contribución, «Faire èquipe. Ethnographie et monde ouvrier», en Pierre Encrevé y Rose-Marie Lagrave, *Travailler avec Bourdieu*, París, Flammarion, 2003.

10 *Cf.* los minuciosos estudios de Lucie Tanguy, Françoise Ropé, Guy Brucy. Los trabajos actuales y muy originales de Gilles Moreau sobre el aprendizaje (*cf.* Gilles Moreau, *Mondes apprentis*, La Dispute, 2003) son una prolongación de los primeros.

11 Lo que los alumnos acaban considerando una "vía normal" (los estudios largos en la enseñanza general) es en realidad una vía sembrada de obstáculos y trampas para los que no disponen de los "códigos". Las familias implicadas en la nueva competición escolar han visto aparecer rápidamente esas dificultades de la democratización. Al final, es decir, cuando los hijos tienen 22-24 años, los resultados no suelen ajustarse, ni mucho menos, a las expectativas. Así, el interés actual, por el aprendizaje puede justificarse, por un lado, por la desconfianza ante la posibilidad de proseguir los estudios a duras penas y, por otro, por el desprestigio de los IEP (Institutos de Enseñanza Profesional), lo cual acaba siendo un circulo vicioso...

12 Y que, en consecuencia, se ha ideado en buena medida contra una sociología percibida como "determinista", "derrotista". Por temor a abordar cuestiones como la dominación o las relaciones de clase en la escuela, esa nueva sociología se ha ido convirtiendo cada vez más en una sociología de la escuela (o de la institución escolar) o en una sociología de la evaluación: una de sus características principales consiste en no tomar apenas en cuenta lo que ocurre fuera del sistema escolar. De tanto empeñarnos en abrir la "caja negra" de la escuela, hemos acabado por olvidar que la escuela no vive aislada ni de modo autónomo. Para consultar criticas mordaces de dicha sociología de la educación, véase, por una parte, el conjunto de trabajos realizados por Lucie Tanguy y Fraçoise Ropé y, por otra parte, el trabajo de sociología crítica de Frank Poupeau.

alumnos relegados a las "malas" trayectorias escolares, el nacimiento de un sentimiento muy vivo de rechazo, de sentirse aparcado y mantenido fuera (casi "para toda la vida"). El origen de la "violencia escolar" actual es, pues, evidente. Se debe fundamentalmente a ese proceso de relegación precoz y rechazo social de los que han sufrido un fracaso escolar (es decir, hijos de las familias más proletarizadas en su mayoría[13]).

En consecuencia, para entender las transformaciones del mundo obrero, hay que tener siempre presente que la relación de las familias respecto de la escuela ha sido muy importante. Sin por ello querer erigirlo en principio explicativo esencial, no cabe la menor duda de que buena parte de lo que constituía el "sentido de clase" de los obreros desapareció en el cruce de esos cambios. Al fin y al cabo, no eran tan malos sociólogos aquellos militantes obreros que, en los inicios del siglo XX, se oponían a la difusión de la cultura escolar en el medio obrero y que "no dudaban en mostrarse muy desconfiados o críticos ante la 'escuela secundaria'" (*cf.* Marcel Martiner). El régimen de los estudios largos produce una especie de acumulación escolar en la que los "hijos de la democratización"[14] pierden cierta forma de la cultura obrera, hecha en parte de actitudes de oposición a través del aprendizaje, por ejemplo en los CET (Colegios de Enseñanza Técnica), de disposiciones rebeldes (en el caso de los hijos de la fracción politizada de la clase obrera). El paso por un sistema de estudios largos contribuye a la descualificación de la experiencia obrera y puede producir efectos de vergüenza social en los alumnos "mediocres" que se sienten "desculturizados" (pérdida de la cultura obrera de origen), aunque no lleguen a sentirse verdaderamente aculturizados desde un punto de vista escolar, y que van navegando así entre distintas pertenencias.

Las transformaciones de la escuela que se dieron en Francia desde el comienzo de los años ochenta –desvalorización de la enseñanza profesional y promoción de un modelo de estudios largos en la enseñanza general, lógica de la alternancia, incremento del aprendizaje, alargamiento de la escolaridad, etc.– tienen, a la larga, múltiples consecuencias que pasan totalmente desapercibidas y más especialmente en el mundo obrero. La especificidad de nuestro trabajo consiste en haberlo centrado en el pro-

---

13 Para un análisis más detallado, nos permitimos referirnos al libro que publicamos en 2003, *Violences urbaines, violence sociale. Genèse des nouvelles classes dangereuses* (Fayard) y que es la continuación del primer libro. Sin embargo, convendría mencionar también el conjunto de los trabajos de Elisabeth Bautier y Bernard Charlot (equipo ESCOL de París VIII), así como el libro de Jean-Pierre Terrail, *De l'inégalité scolaire*, La Dispute, 2003.

14 Véase al respecto Stephane Beaud, *80% au bac. Et après?... Les enfants de la démocratisation scolaire*. París, La Découverte, 2002.

blema de las generaciones; eso nos ha permitido vincular estrechamente la cuestión de las transformaciones del trabajo obrero, la de la escuela y la de la herencia obrera. Hemos querido mostrar cómo el proceso estructural de desvalorización obrera en la fábrica se vio reforzado, durante esos quince años, por otros procesos de "desobrerización" producidos fuera de la fábrica, sobre todo a través del cambio de las aspiraciones escolares y profesionales de las familias obreras, la desvalorización de prácticas "tradicionales" que afecta no sólo al modo de educar a los hijos, sino también a lo que podemos denominar "sentido de clase". Hemos visto aparecer en nuestra encuesta una cuestión fundamental para las familias obreras de la actualidad: la dificultad o la imposibilidad de transmitir una herencia. A diferencia de lo que ocurre en otros tipos de familia, y ante todo en las familias burguesas, los padres de medio obrero ya no parecen saber lo que pueden transmitir a sus hijos, sea en el plano individual, familiar o de grupo. Esa situación conlleva divisiones dolorosas en las familias. La película de Laurent Cantet *Recursos humanos* es muy significativa al respecto; la película refleja el temor del padre, la vergüenza del hijo (que le espeta, gritando, a su padre, al final de la película: "Me has legado tu vergüenza"[15]). Así se pueden explicar la ambigüedad de la valorización del oficio y las distintas formas de sacralización de la cultura legítima que se encuentran con frecuencia en el mundo obrero y sus consiguientes aporías…

Pero ¿de qué herencia obrera se trataba? Creemos que se trataba, sobre todo, de una herencia política. Durante mucho tiempo, el sello característico de los obreros consistió en la posibilidad de transmitir esa herencia. Podemos pensar que el "orgullo obrero" provenía en buena medida de esa herencia política. Por supuesto, no se trata de afirmar que ese orgullo obrero ha desaparecido del todo; algunos ejemplos de su existencia subsisten aún en ciertas ramas profesionales (lo que queda de los obreros del sector de la imprenta, de los ferroviarios, de los obreros muy cualificados…); de igual modo, existen muestras de solidaridad en las obras o en los talleres. Podemos preguntarnos también si no sigue existiendo una herencia propiamente obrera, institucional y política –una suerte de herencia "objetivada" por así decirlo– que puede utilizarse, reactivarse, tal como podemos constatar con la creación de secciones sindicales en algunas PYME subcontratistas, implantadas recientemente en el yacimiento de empleo de Montbèliard.

---

15 Sería lícito, en este caso, referirnos a lo que se podría denominar "maldición de la clase obrera francesa": "Elogiar un mundo que sus moradores sólo desean abandonar" (Jacques Rancière).

Junto a la cuestión de la herencia obrera, el libro aborda también, aunque no lo anteponga, la de la autonomía simbólica del grupo obrero. Ahí aparece la cuestión del papel de los obreros profesionales (OP) en el grupo, en la unificación del grupo y en la valorización de cierto tipo de experiencia obrera[16]. Con razón o sin ella, los OP tenían el sentimiento de su valor a través de su oficio (una formación propiamente obrera, el CAP, las "pruebas", las habilidades y la virtuosidad manuales, la afición y la capacidad para el trabajo con las "manos", etc.), y también a través de su convicción en los valores del socialismo.

Las transformaciones del trabajo obrero: lo que permite "ver" el trabajo de campo

En nuestro libro, y como punto de partida del análisis, no hemos querido plantear temas abstractos como los que preocuparon durante mucho tiempo a la sociología de las clases sociales[17] (en Francia, sobre todo a la de la "clase obrera"). Hemos preferido entrar de lleno en un análisis basado en el trabajo de campo, porque ambos creemos en las ventajas del trabajo empírico y, muy especialmente, en un tipo de investigación que requiere una larga presencia en el medio estudiado. En nuestra encuesta y en el libro, hemos intentado, sobre todo, reflejar el punto de vista de la experiencia obrera, los planteamientos de su mundo (y también sus prácticas), dejando hablar lo más posible a cierto tipo de obreros. Por ese motivo, hemos introducido numerosos fragmentos de entrevistas que no tienen una intención ilustrativa. ¿Por qué hemos adoptado esa postura?. Porque nos parecía que, en el momento preciso en el que estábamos realizando nuestra encuesta, existía un enorme desfase entre, por un lado, lo que estábamos observando en los centros de trabajo –la intensificación del trabajo, la especie de guerra social que se libraba en los talleres para ganar tiempo y productividad, la violencia sufrida diariamente por los obreros, etc.– y, por otro lado, la representación dominante de la realidad obrera que se daba –la conversión al *neomanagement*, la robo-

---

16 Evidentemente, conviene insertar el tema en una historia de la clase obrera francesa, en su marginalidad, pese a la historia política centrada en París y "su" clase. *Cf.* el nuevo prólogo de Gérard Noiriel para la reedición de su libro, convertido en una obra clásica, *Les ouvriers dans la société française*, Points-Seuil, 2002.

17 La mayoría de esos temas nos parecían de tal importancia que corríamos el peligro de encerrarnos en un debate preconstruido en el que las respuestas estaban dadas de antemano. Eso no quiere decir, ni mucho menos, que dichos temas carecían de sentido. Pero creíamos que sólo se podían utilizar basándonos en un material empírico.

tización y las nuevas tecnologías como medios para hacer desaparecer, a través del milagro tecnológico, la vieja y molesta cuestión obrera[18]–. Nos sorprendía también el desfase considerable entre lo que decían los portavoces del mundo obrero (sindicalistas de alto nivel, liberados, etc.) y lo que vivía la "base", las dudas que le costaba cada vez más expresar y, sobre todo, su creciente dificultad para ser oída, incluso por aquellos que debían ser sus defensores naturales ("históricos"). En efecto, y por decirlo de alguna forma, el mundo obrero caminaba, desde los inicios de los años sesenta, sobre dos piernas: la CGT y la CFDT. La CFDT representaba toda una parte del mundo rural, con frecuencia a través de la JOC (Juventud Obrera Cristiana). Y de hecho, quiérase o no, el mundo obrero perdió una de sus piernas cuando vio cómo, en los años ochenta, la CFDT miraba a otra parte. El sindicalismo obrero, que se nutría de esa rivalidad y, también, de esa emulación entre la CGT y la CFDT, se vio profundamente desestabilizado.

En el nuevo paisaje ideológico de los años ochenta, muchos han sido los análisis de sociólogos o economistas del trabajo cuyo tema ha sido la modernización de las empresas y, más concretamente, la informatización de la producción, las nuevas formas de organización del trabajo y de gestión de la producción (flujos tensos, "justo a tiempo", flexibilidad, exigencias de calidad) que han ido implantándose en las empresas francesas desde hace unos quince años. No obstante, por muy interesantes que resulten esos distintos trabajos, pecan todos de cierta forma de "economicismo" implícito y, con frecuencia, de la ausencia de una auténtica perspectiva histórica (en especial desde el punto de vista de la historia de los grupos profesionales y sociales). Hemos querido estudiar sobre todo el modo como el "grupo" de los obreros ha vivido las transformaciones de la organización del trabajo en los últimos quince años y en un espacio local, sin por ello olvidarnos de hacer variar los puntos de vista

---

18 Manteniéndose igual el resto de las circunstancias, nos encontramos en idéntica postura de investigación que la que Gérard Noiriel evoca al iniciar su investigación de historiador sobre Longwy en 1979: "Durante la lucha [de Longwy] entre 1979 y 1980, me llamó la atención el fuerte sentimiento de incomprensión que expresaban los obreros en huelga. Los discursos de los portavoces exteriores (fueran estos representantes del gobierno, dirigentes sindicalistas que se acercaban cada vez más al centro del espectro político, periodistas, sociólogos u otros) ilustraban su ignorancia de las realidades sociales e históricas locales. Llegué a la conclusión de que la mayor ayuda que podíamos ofrecer a los dominados no consistía en hablar en su lugar, ni en afirmar de modo perentorio lo que se debería hacer para resolver sus "problemas". Con más modestia, convenía esforzarse por exponer la lógica de sus prácticas sociales, por procurar explicarla a los que no la entienden porque no la viven; eso supone una proximidad geográfica y social con el universo objeto del estudio", en Gerard Noiriel, prólogo a la nueva edición de *Ouvriers dans la société française* (Points-Seuil Histoire, 2002).

en el tema que nos ocupaba. Hemos procurado por tanto centrar nuestra encuesta en la transcripción de distintos puntos de vista de asalariados, obtenidos a través de una serie de entrevistas minuciosas, en especial con obreros de los talleres de carrocería de la fábrica de Sochaux. En nuestro análisis, no se puede aislar la reflexión sobre el trabajo obrero de las condiciones concretas en las que la cooperación obrera se efectúa. En efecto, ese trabajo obrero implica formas de cooperación, la construcción de relaciones colectivas; en consecuencia, resulta importante la valorización de la ayuda mutua y la solidaridad[19]. Aunque esas "realidades" se hayan visto pervertidas (por el *management* llamado "participativo"), siguen siendo ineludibles.

En consecuencia, nuestro proyecto se proponía fundamentalmente reunir temas sobre los obreros de los años noventa, desarrollados por investigadores que se fijaban en cuestiones muy diferentes y cuyo lugar en el universo político no era siempre el mismo. La investigación monográfica, realizada entre dos, brindaba la ventaja de poder abordar sucesivamente objetos muy diferentes (y ofrecer así una visión caleidoscópica del mundo obrero local) y, a base de tanteos y aproximaciones, buscar al mismo tiempo a "personajes" que encarnasen tal o cual representación (de ahí, formas de estilización relacionadas con la técnica del ideal tipo). Por otro lado, nos proponíamos seguir las cosas en el tiempo. Punto esencial: se miden así las diferencias de ritmo, las diferentes formas de temporalidad. La combinación de esas dos técnicas es la que da cuerpo temporal y humano. Entre otras cosas, ofrece la posibilidad de reflexionar sobre todo lo que podemos denominar "desfase" en un primer momento, y preguntarnos sobre los grupos que permiten que, finalmente, un "ajuste" o un equilibrio se produzca.

---

19 En este caso, podemos utilizar el análisis sintético propuesto por Bernard Pudal "El trabajo obrero implica una relación con la materia y también –y sobre todo– una relación colectiva, una ciencia eficaz de la cooperación y del grupo. Por eso se da el culto a la solidaridad, a la ayuda mutua, al compañerismo, que constituye la base común de cualquier militantismo obrero y de muchas otras prácticas de clase. Juegos, fiestas, actividades paralelas, lenguaje: el idioma obrero se caracteriza por la riqueza de los léxicos del oficio, y también por un uso extensivo de las figuras y metáforas relacionadas con el cuerpo, aunque apenas recurre a los eufemismos, ya que estos introducen cierta distancia. Le gusta utilizar cierto tipo de expresiones como, por ejemplo, bromas o chistes, o también anécdotas que explican la vida de clase y sacan enseñanzas de ellas de modo más vivo que los refranes o proverbios", en *Le siècle des communismes, Éditions de l'Atelier*, 2001, p. 517.

Las ambigüedades de la acogida del libro cuando se publicó

La primera edición del libro salió en noviembre de 1999. Cuando se publicó en una editorial de gran divulgación (Fayard), no suscitó apenas comentarios en la prensa escrita[20] y audiovisual. El tema parecía carecer de interés; por otra parte, era nuestro primer libro, la obra de unos sociólogos universitarios bastante "oscuros", que trabajan relativamente aislados, divididos principalmente entre la labor docente de la universidad y el trabajo de investigación –sobre todo, trabajo de campo (que, debemos reconocerlo, nos tuvo muy ocupados durante varios años)–. El libro salió de la sombra en enero del año 2000, gracias a la publicación de un artículo en *Le Monde Diplomatique* (en el que se resumían los principales ejes del análisis) y, sobre todo, gracias al estreno de la película de Laurent Cantet, *Recursos humanos*, aclamada por toda la prensa. La gran repercusión de la película[21] en los medios de comunicación (prensa diaria, revistas culturales, televisión, radio) contribuyó, en buena medida y de rebote, a que los periodistas[22], y luego el público en general, se fijaran en nuestro libro. En efecto, la película centra su intriga en el conflicto entre un padre, obrero no cualificado (podríamos calificarlo como el tipo perfecto de obrero conservador), y un hijo recién salido de una escuela de comercio, que tiene un contrato en prácticas de 35 horas semanales, que descubre el mundo despiadado de la empresa y que, finalmente, opta por apoyar a los obreros. A raíz del estreno de la película, nuestro libro será "lanzado", se publican comentarios de prensa, etc. Sin embargo, debemos señalar que el libro será apoyado de modo eficaz, en París y en provincias, por el activismo militante de una asociación, la de los Amis du Monde Diplomatique.

Nos parece interesante reflexionar sobre la manera como nuestro libro ha sido leído (interpretado) por los actores sociales y, en primer lugar, por los primeros interesados, los mismos obreros. Considerándolo con la suficiente perspectiva temporal, lo que más nos sorprendió fue la ambigüedad de su acogida, que debe relacionarse directamente con el contenido del

---

20 Únicamente una entrevista en el periódico *Libération* en el apartado Empleo, aunque no hubo nada en el suplemento del jueves dedicado a los libros.

21 Tuvo una buena acogida de público en los cines y cuando Arte (canal que la financió) le emitió, fue una de sus mayores audiencias.

22 Un artículo en *Télérama* (Dominique Pelegrin) compara la película y el libro. Después, un mes más tarde, los *Inrockuptibles* organizaron un encuentro entre Laurente Cantet y nosotros para hablar de la película y el libro.

libro. Por un lado, el libro "gustó" (casi *a priori*) porque contribuía a que se hablará de nuevo de los obreros (de la clase obrera o de la condición obrera, ¿qué más da?…) y porque mostraba lo que, para los militantes, nunca se debía haber rechazado ni olvidado de modo tan vehemente: la explotación del trabajo obrero e incluso la capacidad centuplicada del "sistema capitalista" para aplastar y maltratar a los asalariados y, en primer lugar, a todos los tipos de asalariados de ejecución. A ese respecto, el libro podía evidentemente reforzar los análisis de la CGT (que había hecho un comentario detallado en una revista especializada, *Droit Ouvrier*). Y, por supuesto, adoptaba la postura opuesta a la CFDT, lanzada desde hacía varios años en un proceso –a la larga catastrófico para ella y el movimiento obrero– de negación de su pasado "obrerista" (las luchas de los peones especialistas de los años setenta). Eso explica su ausencia total de reacción, como ante un objeto molesto, considerado seguramente demasiado pasado de moda o arqueológico. Por otro lado, el libro no auguraba nada muy boyante ni siquiera un futuro prometedor. Tampoco ofrecía armas para insuflar una nueva magia a ese futuro. Insistía más bien en puntos con frecuencia invisibles de la reflexión sindical (la escuela, las generaciones, la historia social de los individuos). En consecuencia, no podía sino desconcertar a los militantes obreros, incluidos aquellos que nos habían ayudado mucho en la realización de nuestra investigación.

Tomaremos como ejemplo de acogida del libro a su salida los numerosos debates organizados, sobre todo en provincias, por los amigos del Monde Diplomatique. En ese caso, nos sorprendió la gran afluencia de público que se desplazó, y también la calidad de su atención. Si es lícito fiarnos de nuestras impresiones (y también de nuestro hábito profesional de observación), se trataba de un doble público. Por un lado, un público bastante mayor, compuesto sobre todo de sindicalistas de la CGT y viejos militantes del PCF (obreros y no obreros), deseosos de oír hablar de nuevo de la "clase obrera", e incluso encantados de presenciar el debate sobre la cuestión de la existencia de esta y su peso en la sociedad. En efecto, dicha "cuestión obrera" había centrado con frecuencia su existencia y su compromiso político ("de toda una vida"). La brusca desaparición de esa cuestión del escenario público, esencial para ellos, no sólo les había indignado (aunque no fuera más que una indignación soterrada, un modo de refunfuñar para sus adentros), también se habían sentido huérfanos y, sobre todo, amargados, con la sensación de que, en realidad, no se había sacado fruto de "todo eso". El Muro de Berlín se había derrumbado, y con él, la esperanza comunista, y después una enorme losa de plomo y silencio había caído sobre lo que había sido la "sal" de sus vidas (la lucha en el trabajo, el combate político, el sueño de igualdad, el deseo de defender la "cultura obrera", el orgullo de pertenecer, pese a todo, a ese mundo, etc.). Acudir a esas reuniones equivalía para ellos a tener de nuevo la posibilidad de debatir colectivamente, de demostrar la existencia obrera y las luchas pasadas, de recordar el modo como se lograron algunas conquistas. En ese grupo de militantes obreros (algunos mayores, otros no tanto), se detectaban fácilmente algunos obreros deseosos de dar testimonio de la explotación siempre cruel en el trabajo, quienes proferían a veces gritos de ira, y también unos antiguos "cuadros" obreros, formados por un tipo de marxismo y por una literatura sociológica objetivista, por llamarla de alguna forma, y que habían venido para sembrar la contradicción en los conferenciantes y hacerles preguntas teóricas ("Un obrero, ¿qué es?", "¿En qué criterios se basa para definirlos?", "¿Cuáles son sus diferencias con los empleados?", etc.). Por otra parte, estaba presente, aunque en menor número, un público más joven (20-30 años) compuesto por "jóvenes precarios" y también por estudiantes politizados y militantes en asociaciones del tipo ATTAC. Se notaba que esos jóvenes, poseedores con frecuencia de contratos de sustitución y de un montón de diplomas, estaban esperando unos análisis, unas armas culturales y políticas que les permitiera defenderse en los distintos centros de trabajo en los que la presión de la gestión del "justo a tiempo" y del *neomanagement* no deja de agravarse (los Mac Donalds, Correos, las Cajas de Ahorros…).

Tras nuestra introducción, empezaba el debate. Las intervenciones eran numerosas y siempre interesantes (de hecho, en muchas ocasiones sentimos no haber filmado o grabado dichos debates[23]). En realidad, muchos participantes –hubiesen o no leído el libro– se reconocían probablemente en el texto o en nuestra exposición preliminar, porque hallaban una experiencia que les sonaba, que respondía directamente a lo que habían vivido (o seguían viviendo) en el trabajo de la fábrica, y también en sus vidas diarias (con los problemas de dinero, escuela y vivienda…). Ciertamente, esa "experiencia vivida", a menudo dolorosa, quedaba plasmada en la prensa sindical (de la CGT), aunque no se difundía mucho al exterior, como si acabase ahogada en el espacio público de los años noventa. Al carecer de intermediarios políticos, de soportes colectivos[24] y cajas de

---

23 El Comité de Empresa de la fábrica Renault de le Mans (en manos de la CGT hasta 2003) organizó un debate al que invitó a más de 250 personas. "Lo que han descrito en el libro es exactamente lo que estamos viviendo hasta ahora, con cuatro o cinco años de diferencia".

24 Seguimos pensando que el libro *La Misère du Monde* de Pierre Bourdieu, obra en la que participamos, pudo jugar un papel en aquella época, aunque sus lectores se situasen en las clases medias…

resonancia (como la nueva canción francesa para la juventud actual), se encontró relegada en el fuero interno de cada cual. ¿Qué se traslucía de esos debates? Solía ser una palabra violenta y a veces compulsiva, de tanto verse reprimida. Los mismos temas aparecían estrechamente mezclados: la brutalidad de la agresión patronal y el descubrimiento de la impotencia colectiva para enfrentarse a ella, la intensificación del trabajo que no paraba de incrementarse, la amargura al comprobar las dificultades para resistir a través del sindicato al nuevo *management*, el sentimiento difuso de un aplastamiento de las clases populares: no solamente vinculado a una pérdida material (pérdida de salario y nivel de vida, pérdida de empleo para los obreros y sus hijos), sino también a una pérdida simbólica, empezando por el final de las expectativas colectivas, el temor a no poder esperar ya un futuro mejor y la angustia al constatar que dicho futuro no iba a ser mucho más prometedor.

A fin de cuentas, la "cuestión política" afloraba en esos debates y resultaba ser, a veces, su punto central. Incluso se podía detectar una fuerte expectación: se esperaba un autentico debate político, no su caricatura como suele ocurrir hoy en día en los medios de comunicación (la frase ocurrente que todos utilizarán después a modo de chascarrillo, las discusiones programadas, los falsos temas lanzados para embolsar la prima de innovación política, etc.), sino un debate sobre la propia izquierda, sobre su incapacidad actual para representar a las clases populares y defender sus intereses.

Mucho antes del 21 de abril de 2002 (fecha de las elecciones presidenciales), se oía una crítica acerba de la izquierda de gobierno (entonces en el poder). Quisiéramos o no, teníamos a veces la sensación de estar desempeñando el papel de portavoz de esa Francia obrera abandonada. Esas reuniones daban pie, en algunas ocasiones y según el ligar, a una especie de "*happening* político" que, debido a la concentración y las diversas intervenciones, provocaba debates no programados por las instancias sindicales y políticas de los años ochenta, o incluso rechazados por estas, en especial por el aparato de la CGT de la época, que seguía siendo muy "cerrado". Vimos reuniones derivar progresivamente en formas de autocrítica colectiva. Fue el caso, por ejemplo, de Marsella[25], donde oímos a militantes de la CGT (algunos eran ex trabajadores de los astilleros) reconocer su error por no haber tenido en cuenta, desde el principio, el tema de los desempleados[26] y los precarios y haber pri-

---

25 En la librería Paidos, que organiza regularmente debates sobre libros "de sociedad"…

26 Sabemos que ese error se subsanó después, ya que la CGT de desempleados de Marsella es muy combativa…

vilegiado excesivamente el corazón electoral de la CGT (los obreros profesionales, los obreros con estatus) y no haber prestado la suficiente atención al proceso de precarización que resquebrajaba desde dentro a la clase obrera y, en consecuencia, la dividía de modo duradero. Evidentemente, surgía la temática de la denuncia política de la patronal ("todo eso, el deterioro industrial y la implosión de la clase obrera, ha sido pensado, organizado y buscado por la patronal"). Aunque sea cierto en parte[27], el sociólogo no se atreve a decir que "es más complicado". Por ejemplo, le cuesta demostrar el vínculo que hemos intentado construir entre el trabajo, la escuela y el militantismo y, más aún, relacionarlo con la transformación del mercado laboral, de la globalización, con las transformaciones del Estado social…

Un libro en debate ante la tercera generación obrera

Para nosotros, hubo momentos muy importantes en los debates organizados a raíz de la publicación del libro. Uno de ellos nos marcó tanto que decidimos, algunos días después, redactar un texto que daba cuenta de lo que habíamos observado; lo titulamos «La troisième génération ouvrière[28]». El debate, que tuvo lugar el sábado 23 de marzo de 2002 en el teatro de Chelles, se proponía abordar el tema de «La suerte de los asalariados ante las reestructuraciones de las empresas». Se desarrolló antes de la representación de la obra *501 blues*, interpretada por cinco obreras de la fábrica Levi´s de la Bassée (en el departamento del Norte), despedidas, al igual que más de quinientos compañeros suyos, en el momento del cierre de la fábrica. El público estaba dividido en dos: por un lado se componía de los habitantes de Chelles y sus alrededores (militantes, obreros jubilados, enseñantes…); y por otro lado, de unos diez alumnos (todos varones, entre los que hay una clara mayoría de *blacks* y de *beurs**) de una clase de bachillerato profesional del instituto de Chelles, acompañados por dos de sus profesores. Tras las intervenciones de los sociólogos, el organizador del debate preguntó a los jóvenes: "¿Cómo veis, vosotros, la condición obrera? ¿Cuál es vuestra opinión sobre el mundo del trabajo?". Incitado por sus compañeros, Samir (pelo corto engominado, pequeñas gafas con montura metálica, vaqueros, zapatillas

---

27 *Cf. Le nouvel esprit du capitalisme* de Boltanski y Chiapello.

28 Artículo publicado en *Le Monde Diplomatique*, junio 2002.

*   *Beurs*, nacidos en Francia de padres inmigrantes árabes. [*N. de la T.*].

Adidas de color azul fluorescente), que parecía ser el portavoz idóneo del grupo, cogió el micro sin cable y "se lanzó". Entonces todo salió de modo algo confuso, aunque insistió en el siguiente tema: "Nosotros no queremos depender de nadie. No queremos un jefe que nos dirija y nos dé órdenes. Nosotros no queremos acabar trabajando en la fábrica; queremos respirar, queremos ser jefes. No queremos estar, o permanecer, abajo…". Ser obrero o estudiar en un Instituto de Enseñanza Profesional, ambas situaciones corrían parejas, "es la vergüenza…".

Sus comentarios provocaron la inmediata reacción de la sala por la imagen desvalorizada que daban de la condición obrera. Los "viejos" lo consideraban como un ataque contra la dignidad que fue la suya en el trabajo y en la vida pública. Le recordaron, a él y a sus compañeros, que no podía ni debía hablar así, que siempre había habido obreros/as con orgullo y existido una dignidad obrera, etc. El debate se centró rápidamente en torno a la cuestión de la escuela y la orientación: ¿por qué esos jóvenes están en Institutos de Estudios Profesionales (IEP) y cursan el bachillerato profesional? Samir explicó: al final del cuarto año de enseñanza secundaria, no optó por nada en concreto y le asignaron sin más el IEP. En una palabra, "ellos" decidieron por él. Sus compañeros tenían idéntica experiencia, a ellos también les dejaron fuera de la trayectoria de los estudios generales (la *vía normal*, como se dice ahora en los barrios obreros para denominar el régimen de estudios largos). Para hacer mella en sus mentes, Samir dio su propio ejemplo, intentaba impresionar –era algo que había contado ya miles de veces y que daba siempre en el blanco: "Bueno, en serio, les voy a decir por qué opté por prepararme para el Diploma de Estudios Profesionales de Electrotécnica… [risita burlona]. Electrotécnica, porque era la palabra más larga, la que más me impresionó", como si hubiera querido, cuando tuvo que "elegir", contrarrestar el brutal veredicto escolar. Ahora, cursaba mal que bien su carrera escolar y reconocía que había una fuerte ruptura entre los años tranquilos de preparación del Diploma de Estudios Profesionales y los años difíciles del bachillerato profesional: "El Diploma de Estudios Profesionales podía pasar… pero es que ahora hay un montón de clases… magnetismo, electromagnetismo, y más cosas…". Confesaba que no entendía nada, que estaba pez.

Volveríamos a abordar la cuestión con los profesores de esos chavales: eran alumnos muy mediocres a los que se forzaba a estudiar bachillerato profesional, cuando carecían en realidad de las bases y del nivel necesarios; los profesores estaban desconcertados. Así, unos alumnos que repetían cuarto curso de enseñanza básica y "contaminaban" las clases del instituto se encontraban marginados después. Samir fue más allá: "Yo les voy a decir algo, y se lo juro, hay al menos un 90% o incluso un 95% de los alumnos de nuestra clase que no quieren ser electricistas…". El estupor recorrió el público. Uno de los presentes intentó decirles que en Francia se necesitaban obreros cualificados, que "hacen falta electricistas, fontaneros…". Su intervención no surtió ningún efecto, el rechazo de los jóvenes era definitivo. Los tenían aparcados en un IEP, y harían todo lo posible para salir o, en todo caso, para resistir mentalmente a ese mundo y al futuro que les auguraban. El debate se centró después en el tema de la jornada laboral: la fábrica y las deslocalizaciones. Hablamos del trabajo temporal, de las condiciones de entrada en el oficio, de la precariedad estructural en el mercado laboral. La antigua obrera de Levi´s, que acabó siendo actriz, rememoró la historia de su familia de siete hijos, su padre minero, los estudios que quería emprender y la vida en la fábrica que no había elegido. Y también, el orgullo obrero ("Pero nos sentíamos orgullosos"; "Nunca me sentí rebajada"). Deseaba recalcar la "transmisión de valores". Samir se sintió obligado a hablar de sus padres: "Mi padre gana 140.000 pelas al mes y somos seis hijos…". Hizo referencia también al escaso diálogo en casa. Ibrahim, natural del África subsahariana (chándal rojo, zapatillas de deportes Adidas de color verde fluorescente), parecía menos desenvuelto que su compañero y no tenía igual facilidad de elocución; repitió varias veces la misma palabra –el dinero– que parecía ser el hilo conductor de su intervención. Al estudiar en un IEP (para ser futuros obreros), "nos sentimos rebajados, hay que reconocerlo… uno se siente rebajado si es obrero" (¿llegó a pronunciar el término?). Luego, insistió en la falta de dinero, porque ese era el futuro que les auguraban y que no estaban dispuestos a aceptar con dieciocho años. Visiblemente harta de la obsesión por el dinero que tenían los jóvenes, la antigua obrera de Levi`s intentó pararle los pies a Ibrahim, abordando el tema de las marcas: "Yo tengo un hijo de más de dieciséis años y no lleva ropa de marca". Le preguntó el precio de su ropa o de si vaquero 501 (unas 9000 ptas.; precio de coste, 540 ptas.). Los compañeros de Ibrahim se reían disimuladamente ("nosotros no pagamos tanto"). Ella comprendió que eran imitaciones; los jóvenes sabían perfectamente que el tema del negocio y el comercio era lo que se estaba cuestionando.

Un obrero mayor, de pelo blanco –llevaba gafas con montura de concha, una corbata que asomaba por debajo de un jersey en pico–, intervino. La emoción le hacía temblar ligeramente la voz. Quería decirle a Ibrahim cuatro verdades: "Dices que te sientes rebajado al ser obrero… pero yo te voy a decir una cosa: cuando estás en una manifestación junto con

500 obreros, te sientes fuerte, orgulloso de ti y de tus compañeros". Se calló, furioso y aliviado. Los obreros mayores, jubilados y militantes seguramente, y las obreras despedidas, que habían recuperado su dignidad participando en un taller de literatura o gracias a su nuevo trabajo de actrices (eran en la actualidad profesionales eventuales del espectáculo), querían aprovechar la oportunidad del encuentro con esos "jóvenes"; estaban todos encantados de poder intercambiar opiniones y de tener la posibilidad de darles ánimo, fuerza y, sobre todo, dignidad. Lo que más los consternaba era la sensación que daban esos jóvenes de dieciocho años, "alienados" ya totalmente por el sistema, incapaces de rebelarse políticamente. Por ese motivo, les pareció importante la discusión sobre las marcas, sobre su fascinación y su necesidad de existir a través de una imagen (la apariencia, la ropa, la publicidad...).

Pero nadie mencionó lo más fundamental: esos alumnos, tan desanimados y derrotistas, eran todos hijos de ciudades obreras marginales, hijos de inmigrantes venidos del Magreb y del África subsahariana. Encarnaban probablemente el futuro conflictivo de la clase obrera. En un momento del debate, Samir habló de su padre, que había trabajado duro y cuyos jefes eran "incompetentes". Luego declararía: "De todos modos yo sé que, a mis diecinueve años, mi vida está jodida". Y luego añadiría: "Ninguna mujer querrá casarse con un electricista".

A través del debate, vimos cómo tres generaciones obreras opinaban y se oponían. La primera era la de los obreros afiliados a un sindicato, politizados, en su mayoría jubilados actualmente. Lucharon, lograron ventajas sociales y se sentían orgullosos de esa lucha que era la prolongación de la de las generaciones anteriores. La segunda era la de las obreras de la fábrica de Levi`s, despedidas al cabo de más de veinte años de antigüedad en la empresa, fracasadas, aunque no renunciaban a su orgullo por haber trabajado duro, luchado, por haber sido capaces de transmitir valores, y por haber conservado, pese a todo, el beneficio de la socialización en un universo obrero fuertemente estructurado desde una óptica mental y política. Por último, los representantes de la tercera generación eran unos futuros "operadores", que vivían casi todos en los barrios obreros pauperizados de los años noventa y que provenían de la inmigración. Rechazaban cualquier herencia del mundo obrero y soñaban con el éxito individual del pequeño jefe. Eran las víctimas directas de la dinámica de segregación social y espacial que, desde hace unos quince años, realiza fracturas enormes en el universo de las clases populares.

Los años ochenta no sólo supusieron un hito en la austeridad, el aprendizaje del poder por parte de la izquierda, la modernización conservadora, el incremento inexorable del desempleo. Significaron también la descalificación del modo de resistencia de las clases populares y la rehabilitación de la empresa, la glorificación del éxito rápido al estilo de Bernard Tapie, el culto del dinero y del individualismo que se propagaron después en los barrios pobres.

Veinte años de crisis cuyo mayor peso los jóvenes, sobre todo los de origen inmigrante, tuvieron que soportar y están pagando ahora. Y lo están pagando desde una óptica material, a través del desempleo y la precariedad, y también en la mente, a través del refugio en la religión, la crispación de identidad, el afianzamiento del machismo, el odio hacia la raza blanca, etc., todo lo cual contribuye a su vez al derrumbamiento del capital colectivo en las clases obreras.

El hecho es que el libro recobró nueva vida en el momento de las elecciones presidenciales: la conmoción del 21 de abril de 2002; la derrota de Jospin en la primera vuelta, la defección de los obreros, la fase premonitoria de Mauroy en el inicio de su campaña en Lille ("Oye, Lionel, tendrás que hablar un poco de los trabajadores"). Era necesario encontrar rápidamente una explicación a ese seísmo histórico. Nuestro libro existía. Unos periodistas lo sacaron del olvido y empezamos a recibir muchas invitaciones[29]. Nos convertimos de la noche a la mañana en una especie de "expertos" del mundo obrero: por un lado, éramos muy pocos los que habíamos abordado el tema y, por otro lado, habíamos publicado un libro que, teniendo en cuenta la escasez de la producción (y la timidez de los editores en materia de ciencias sociales), servía, de algún modo, de referencia.

Las transformaciones del mundo obrero en el marco del resurgimiento de un capitalismo salvaje

Desde la publicación del libro, ¿qué cambios han afectado al mundo obrero? Las tendencias detectadas en nuestro libro no parecen, ni mucho menos, cuestionadas. Es más, el desempleo masivo y la precariedad han ido agravándose desde el cambio radical de coyuntura de 2001. La desmoralización del colectivo obrero se fue acentuando seguramente y salió a la luz en la primera vuelta de las elecciones presidenciales del 21 de abril de 2002: el hecho más destacable del voto obrero fue menos el voto a favor de Le Pen que el enorme incremento de la abstención.

---

29 Una página en el periódico *Le Monde* para un dossier titulado «Les oubliés de l'Histoire».

La única inversión de tendencia notable es la del nuevo interés que los obreros despiertan actualmente en la opinión pública por los cierres brutales de fábricas que producen beneficios, y los consiguientes despidos colectivos. Son objeto de un mayor número de películas (de ficción o documentales[30]) y de libros[31], ese nuevo interés puede parecerse al que suscita la "belleza del difunto". Para evocar las recientes tendencias de la condición obrera, resaltaremos algunos puntos.

Además del temor al desempleo y la precariedad, autentica espada de Damocles colgada encima de los asalariados menos titulados, los asalariados de ejecución –y en primer lugar, los obreros– han sufrido en los últimos años una autentica agresión social que los siguientes hechos demuestran: despidos "bursátiles", incremento de los accidentes laborales, aumento de las enfermedades profesionales provocadas por la aceleración de los ritmos de trabajo, competencia institucionalizada entre asalariados, nuevas formas de dominación en el trabajo, culpabilización y acoso moral de los asalariados, etc. En el marco del desarrollo de las PYME, han ido proliferando nuevas formas de *sweatshop* ("talleres del sudor", traducido literalmente: denominación histórica de lugares de explotación exacerbada de los trabajadores) relegadas en zonas rurales aisladas o en nuevos polígonos industriales, sin conexión con la ciudad y sus redes de sociabilidad, invisibles por tanto a la mirada exterior. Tomemos el ejemplo de los fabricantes de equipos para automóviles, ideal tipo de las nuevas PYME/ PYMI, elogiadas por la prensa del *management*[32]. El retrato que podemos pintar acerca de sus condiciones de trabajo es de lo más desolador: ritmos de trabajo aceleradísimos, relaciones entre obreros muy violentas, enfermedades profesionales cada vez más numerosas y que ocurren con mayor frecuencia (los médicos del trabajo dan la alarma en vano desde algún tiempo sobre ese problema de salud pública).

Desde el año 1999, los rasgos del capitalismo accionarial –o dicho de otro modo, el resurgimiento del capitalismo salvaje– ("patronos desaprensivos", despidos abusivos carentes de plan social y de miramientos con el derecho laboral, desprecio hacia los sindicatos, aplastamiento de

---

30 Por ejemplo, nuestro libro sirvió de "guía" para la película de Patrick Jan *Ouvrier, c`est pas la classe*, INA, 2002. Rodada en Sochaux en el momento de reactivación económica de 2001, ofrece un valioso documento para entender el nuevo paisaje industrial de la región, el pleno empleo precario y las relaciones entre generaciones obreras.

31 *Cf.* el hermoso libro de Aurélie Filippetti, dedicado a los mineros de Lorena (*Les derniers jours de la classe ouvriére*, Stock, 2003), así como el libro de Franck Magloire, *Ouvrière* (Editorial L`Aube, 2002), sobre una obrera de Moulinex.

32 En las PYME del sector automovilístico, las hemos estudiado en colaboración con Armelle Gorgeu y René Mathieu.

los asalariados más débiles, persecución de los enfermos y ausentes, incremento de las enfermedades profesionales[33], etc.) nos llevan a plantear una pregunta: hoy en día, en 2004, ¿no se da acaso la vuelta a una especie de experiencia común, un sentimiento ampliamente compartido y cada vez más fuerte de desposeimiento? Esta pregunta no afecta únicamente a los obreros poco o nada cualificados, sino que concierne también ahora a muchos empleados/as y algunas fracciones muy cualificadas del colectivo obrero, cercanas a las clases medias en el pasado. Tal y como dice Danièle Linhart:

> El sentimiento de explotación, que constituía uno de los motores de la identidad obrera, sigue vigente. Pero se vive ahora de modo individual, sin conexión con la colectividad. Uno se siente explotado en el trabajo y experimenta un fuerte sentimiento de injusticia, aunque este siga siendo un sentimiento privado que no conduce al deseo de organizarse colectivamente. Sin embargo, sigue tratándose de destinos colectivos. El sentimiento del carácter central persistente del empleo, que todos viven, significa, tras un despido vivido de modo dramático: perder el empleo que equivale a ser víctima del sello del arcaísmo, verse descalificado desde un punto de vista profesional, social y personal, de modo quizá aún más fuerte en el caso de los obreros; saben perfectamente en nombre de qué tipo de 'otro mundo', supuestamente 'moderno', son despedidos; un mundo de la adaptabilidad, de la competitividad, de la 'iniciativa individual', en el que cada trabajador debe fijar sus propios objetivos y exigirse a sí mismo el mayor rendimiento posible… La desindustrialización significa la descalificación de poblaciones enteras[34].

Además de esa evolución negativa, hay que tener presente también lo que opinan muchos obreros de entre 40-50 años (los "antiguos" en los talleres); piensan que lo que llaman la "antigua moral obrera" se ha visto corrompida de alguna forma por las nuevas formas de gestión en las empresas. Dicho punto, fundamental a nuestro modo de ver, pasa con frecuencia desapercibido en los análisis sobre el mundo obrero, sencillamente porque muchos periodistas y sociólogos han renunciado a comprobar lo que ocurre realmente en los centros de trabajo, invisibles para las miradas de fuera[35] (en algunos casos, unos cineastas documentalistas han intentado

---

33 *Cf.* Michel Gollac y Serge Volkoff, *Les conditions de travail*, La Découverte. Collection Repères, 2000; Christian Baudelot y Michel Gollac. *Faut-il travailler pour être heureux?* Fayard. 2003.

34 Diálogo entre Danièle Linhart y Michel Pialoux, *Regards*, febrero 2004.

35 Para una descripción parcial de esos universos, véase el capítulo 3 de nuestro libro *Violences urbaines, violence sociale*, Fayard, 2003.

tomar el relevo de los sociólogos para introducirse en ese universo). Sin embargo, no se tiene suficientemente en cuenta el miedo, la multiplicación de las formas de acoso, la necesidad de descargar el descontento sobre los otros… Para entender el significado de la protesta desesperada que suele implicar el voto del FN en los medios populares, conviene no olvidar la degradación multiforme de las condiciones laborales, que constituye un modo mayor de la inseguridad de la que tanto se habla.

Lo que sí ha desaparecido casi del todo en los últimos veinte años es la imagen del "trabajador" –orgulloso de su trabajo y de su contribución a la producción– o la del obrero, apoyado en la "clase" o protegido por ella, clase portadora de historia y esperanzas políticas. Ha surgido otra imagen, la del "asalariado de la precariedad" (S. Paugam), del operador, del obrero bueno para todos los trabajos basura, reducido a su única dimensión de obrero intercambiable, sin tener conciencia de su propio ser. Por ejemplo, se puede ver también, en el voto del 21 de abril de 2002, una rebeldía de la Francia trabajadora, la que trabaja cada vez más duro para ganar cada vez menos (¿el Salario Mínimo Interprofesional como horizonte tope del salario obrero?…), una Francia educada en la antigua moral del trabajo y con los rudimentos de moral popular que bastaban para dictar una línea de conducta, un "comportamiento vital", tal y como diría Max Weber (unos valores morales sencillos: trabajo, honradez, respeto a los demás, posesión de algunos bienes…). En resumen, debemos insistir en la incapacidad de los responsables políticos para interpretar lo que significa concretamente la precariedad, vivir al día en el caso de familias modestas o humildes[36]: horizonte temporal mermado, reducción de las posibilidades de anticipar y calcular para el futuro (cuando la previsión y el cálculo son, históricamente hablando, comportamientos característicos de las fracciones obreras que han logrado salir del "subproletariado"), temor e inquietud por la salud, creciente exposición a los riesgos laborales, tal y como demuestran la magnífica encuesta de Annie Thébaut-Mony sobre los trabajadores temporales del sector nuclear o la explosión de la fábrica AZF[37].

---

36 *Cf.* Daniel Martínez. *Carnets d'un intérimaire*, Agone, 2003; un testimonio apasionante, escrito en primera persona, por un trabajador temporal, de unos cuarenta años, de la región de Burdeos.

37 Treinta obreros fallecidos; el joven trabajador temporal de origen argelino murió dos veces, muerte biológica primero, y muerte simbólica por la sospecha, insoportable para sus allegados, de ser quizá un terrorista, ya que llevaba puestos varios calzoncillos (en realidad, estaba acomplejado porque se encontraba demasiado flaco…).

Un mundo obrero desarmado

Vamos a hacer un breve repaso a la historia: la politización obrera en Francia pasó fundamentalmente por la mediación de los militantes. En primer lugar, debemos insistir en el hecho de que estos son cada vez menos. La especie de guerra social llevada en los últimos veinte años para reducir el movimiento obrero ha dado sus frutos. La lucha emprendida en las empresas para cazar, "reducir" y a veces despedir a los "delega-dos" –esos aguafiestas que impiden explotar tranquilamente a la mano de obra– ha logrado sus frutos a veces más allá de las esperanzas patronales (ya que ahora lamentan a veces la ausencia de representantes sindicales). Podemos mencionar aquí el caso ejemplar de la discriminación sindical[38], denominada en el lenguaje jurídico "acoso moral", de los militantes obreros en las fábricas. Ahora bien, es algo que no se ha querido ver en los salones de la República, pese a los gritos de alarma proferidos por los observadores, en especial los inspectores del Trabajo (como, por ejemplo, G. Filoche). Apenas se han escuchado los gritos de auxilio de los sindicalistas de empresa. ¿Por qué semejante sordera? Evidente-mente, existen motivos coyunturales, pero al fin y al cabo podemos ver en esa actitud una profunda incomprensión de lo que representó la imagen social del militante obrero, y un idéntico desconocimiento del papel y de la función social de los "delegados" en una fábrica. Pudo haber una forma de desprecio social hacia el delegado obrero (el "broncas", como dicen algunos), y podemos decir que dicho desprecio tiene una historia íntimamente vinculada a la del PCF y su éxito histórico: asegurar una

---

38 Debemos recordar aquí la lucha obstinada, emprendida desde mediados de los años noventa por un obrero de Peugeot, François Clerc (OP, en el taller de utillaje, militante de la CGT), para el reconocimiento jurídico (pues ya era una realidad para todos los habitantes de la región) de la existencia de una discriminación sindical. A través de una reconstitución sistemática de las carreras profesionales, frecuentemente estudiadas sobre más de treinta años, pudo demostrara que, en una situación comparable, los militantes de la CGT, y a veces también de la CFDT, cobraban siempre menos y tenían menos promociones que los demás delegados sindicales; de hecho, se quedaban prácticamente inmovilizados en el punto de par-tida. La dirección de Peugeot, condenada por la Magistratura del Trabajo de París, y por el Tribunal Supremos, se vio obligada, en 1998, a negociar un acuerdo que reconocía de hecho la importancia de la discriminación y concedía fuertes indemnizaciones compensatorias a los militantes reconocidos como víctimas. Fue una victoria moral y simbólica importante. Recurriendo al "método François Clerc", muchas secciones sindicales de la CGT entablan actualmente procesos con las direcciones de empresas, y los ganan con frecuencia. Por otro lado, realizar esas acciones no resulta fácil para los militantes. El recuerdo de las heridas pasadas suscita mucha resistencia, negación y amnesia. Algunos militantes "puros y duros" no quieren aceptar dinero, como si la discriminación de la que fueron víctimas formara parte implícita de su compromiso sindical.

representación obrera con miembros elegidos por el pueblo[39], imponer a los "dominadores" la presencia de obreros en la escena pública[40]. Al destruir los antiguos bastiones industriales y buena parte del grupo de obreros profesionales, la crisis ha hecho desaparecer la representación obrera apoyada por el PCF y CGT, y también por la CFDT y las distintas corrientes del catolicismo de izquierda. Por supuesto hubo, durante aquellos años de modernización conservadora, una revancha de clase que se expresó, primero, a nivel simbólico, mediante la desvalorización sistemática de los representantes obreros (podemos pensar, entre otras cosas, en la caricaturización de los sindicalistas obreros en el programa televisivo *Les guignols de l`info*, en los años 1990).

Debemos decirlo con toda claridad: el profundo debilitamiento del mundo obrero se explica por motivos que no se reducen únicamente a la dimensión económica –a razones "objetivas"–, tal y como se decía en el pasado; se justifica también por transformaciones importantes de la imagen que se da de ese mundo, y que están estrechamente relacionadas con algunas transformaciones en el campo intelectual. Dicho de modo directo y brutal, se ha desarmado también al movimiento obrero a través de una serie de análisis supuestamente realizados por expertos, y de la ceguera de intelectuales de los medios de comunicación, aunque, también, de investigadores seducidos por la "modernidad". En semejante contexto, no podemos sino hacer referencia a lo que pasó en el seno del PS y de la CFDT. El desplazamiento de la CFDT hacia el centro, acentuado con la dirección de Nicole Notat, se debió en buena medida a una profecía errónea –la desaparición a corto plazo de los obreros– y a una visión desde la cúpula del mundo obrero que iba pareja con el rechazo, en la CGT, de todo lo que podía asemejarse a actitudes "clasistas". En efecto, no debemos olvidar el comentario que circuló durante años en las altas esferas de la izquierda intelectual: los obreros son arcaicos, les cuesta adaptarse o no quieren hacerlo, tienen mentalidades anticuadas; más vale esperar tranquilamente que la tercera revolución industrial –sí, ya saben, la de la automatización y la robotización– los margine y los condene a una rápida extinción. En la relación que el PS y la CFDT mantuvieron con el mundo obrero, creemos que tuvo también mucho peso su obsesión "anti-comunista", cultivada al máximo por algunos intelectuales de la CFDT. Ese fenómeno influyó también en el modo como los obreros se vieron

---

39 *Cf.* el libro fundamental sobre esa cuestión de Bernard Pudal, *Prendre parti. Pour une sociologie historique du PCF*, FNSP, 1989.

40 *Cf.* la aparición de esa palabra obrera en la televisión o la radio, y luego su declive y descalificación.

intelectualmente desarmados, "aparcados" cuando había que librar luchas decisivas. Considerándolo con la suficiente distancia, podemos pensar que hubo una descalificación del mundo obrero, típicamente francesa, que se realizó mediante un intento de liquidación de las ventajas materiales y simbólicas adquiridas, de las luchas obreras en una época en la que el PCF era fuerte, la CGT poderosa y la CFDT obrera. Por ejemplo, el sistema de representación de los años 1950-1960, que puede calificarse de "estalinista", garantizaba a la "base" obrera, pese al anatema vinculado a la palabra, al mantenimiento de una calidad moral notable, una fuerte autonomía simbólica, el distanciamiento de las esferas dominantes; en una palabra, contribuía a la producción de militantes de gran peso que infundían respeto. Al mismo tiempo, el sistema era la cabeza de turco de las otras corrientes, entre ellas de la segunda izquierda, que se mofaban del simplismo de los argumentos y/o de la incultura de los militantes. La victoria triunfal del anticomunismo sepultó en el olvido de la Historia las ventajas que el "sistema" ofrecía en términos de representación política.

El desencaje de las clases populares en el espacio social

La desvalorización del grupo obrero debe analizarse objetivamente a través de indicadores económicos (salarios, ingresos, patrimonios, destino social de los hijos…), y también de modo relacional, es decir, en referencia a la situación de los grupos socioprofesionales cercanos, esas otras esferas populares con las que los obreros conviven. No se trata por tanto de centrarse en el único grupo de los obreros y sí de tener en cuenta la constelación de otros grupos con la que los obreros coexisten y comparan sus condiciones de vida, en especial los pequeños funcionarios, los obreros del Estado, los empleados municipales, los trabajadores de correos, etc. En el transcurso de los últimos veinte años, se ha producido un doble movimiento; se da, por un lado, un desencaje de las clases populares en el espacio social y, por otro lado, una separación cada vez mayor en su seno entre su fracción más importante en número, vinculada al sector privado –los obreros de las fábricas, los empleados/as de los servicios–, que se ven cada vez más presionados y sometidos a las exigencias del mercado y al comportamiento arbitrario de los jefes en los centros de trabajo, y la fracción del sector protegido en el mercado laboral, que se beneficia en mayor o menor medida de una seguridad en el empleo y que, al ser fuertemente sindicada, ha podido defenderse (ferroviarios de la SNCF, la Renfe francesa, y también los empleados de correos, obreros del Estado, pequeños funcionarios). Por este motivo, existe una creciente rivalidad que se percibe, en el espacio social local, a través de los chismorreos y cotilleos entre los miembros del primer grupo que suelen apuntar a los "enchufados" de los servicios públicos. Nos da la sensación de que se ha tendido a sobreinterpretar la lucha de los ferroviarios en 1995; ciertamente fue una victoria –supuso un freno en los proyectos de la derecha–, pero no benefició mucho a los otros, no se difundió al sector privado; hubo quizá un sentimiento de huelga por poderes, pero la huelga concreta no se realizó en las empresas privadas. En resumidas cuentas, la huelga de 1995 fue, sin lugar a dudas, un acontecimiento importante, aunque no por ello se solucionaron los problemas, según dicen los militantes del sector privado. Fundamentalmente, puso de relieve la diferencia cada vez mayor en las condiciones de ambos grupos y permitió sobre todo darse cuenta de la enorme ventaja de la garantía del empleo… Durante mucho tiempo, esos obreros estatales se han librado de las lógicas de la competencia en la que otros trabajadores se hallan cada vez más implicados. En realidad, todo ocurrió como si el dispositivo de difusión de las ventajas sociales adquiridas –el beneficio de las luchas– que unificaba y homogeneizaba relativamente al grupo de las clases populares (véase el caso siempre mencionado de los obreros de Renault) se hubiera detenido durante las últimas dos décadas. Las luchas cada día más "defensivas" de los asalariados del sector privado (evitar los cierres de fábricas y los despidos, frenar el deterioro de las condiciones laborales, asegurar la supervivencia de las organizaciones laborales, asegurar la supervivencia de las organizaciones sindicales en la empresa, etc.) contrastaban con la capacidad de resistencia sostenida de los asalariados del sector público.

En consecuencia, las lógicas de identificación apoyadas en una creencia en el progreso, que contribuyeron durante mucho tiempo a unificar las distintas fracciones de las clases populares, ya no pueden desarrollarse como en el pasado. Están agarrotadas, sufren graves problemas al igual que el antiguo sistema de promoción obrera. En la configuración social de la posguerra (heredada de 1936 por así decirlo, marcada por la existencia de esa "generación singular" de la que habla Gérard Noiriel[41]), existía un sistema de promoción en el mundo obrero. En la actualidad, no podemos sino constatar que el sistema está roto. En primer lugar, porque la reorganización de las empresas, que ha permitido evitar los antiguos fortines obreros y atomizar la mano de obra en PYME a menudo subcontratistas, ha generado un mundo compuesto de técnicos, por un lado, y, por otro,

---

41 Gérard Noiriel, *Les ovriers dans la société française*, Paris, Points-Seuil, 1986.

de operadores sometidos a una presión constante y una competencia permanente en el trabajo. Ya no existe actualmente ninguna elite obrera. Los nuevos obreros cualificados son unos obreros que poseen un título de bachillerato profesional u obreros con un perfil técnico que, en sus aspiraciones, miran mucho hacia las clases medias y se ven tentados de alejarse de todo lo que "huela" a obrero (son ellos, además, los que más rechazan la palabra *obrero* a la hora de definirse). Por ejemplo, la estrategia de los "bachilleratos profesionales" es muy diferente de la de los antiguos obreros cualificados: parece orientada hacia la empresa y ya no hacia el espacio fuera de la empresa. Ahora bien, incluso en el inicio de los años noventa, los "bachilleres profesionales" podían identificarse con los obreros profesionales (eran "franceses", habían cursados estudios y se sentían relativamente orgullosos de sus diplomas; participaron incluso en luchas comunes, como durante la huelga de los obreros de Belfort-Alstom en 1993). Sin embargo, las cosas no tardaron en cambiar: los nuevos bachilleratos profesionales están mucho más desvalorizados, a los institutos profesionales acuden cada vez más jóvenes de barrios conflictivos que están en esos centros como única opción. Por otro lado, el sentimiento de 'desencaje' y desclasificación es tan fuerte para las fracciones inferiores del grupo obrero que estas se sienten engañadas por el Estado de bienestar y amenazadas por su acercamiento objetivo a los "excluidos" y a los beneficiarios de la Renta Mínima de Inserción. Por ese motivo, desean distanciarse de estos últimos, a los que se suele acusar de "falsos parados" o "vagos".

Desde hace quince años, los elevados resultados electorales repetidos del FN demuestran el alza de un racismo duradero en las clases populares francesas. Evidentemente, las formas de racismo son varias –van del racismo abierto y reivindicado al racismo negado, oculto–. Será difícil erradicarlo porque, por un lado, se alimenta constantemente en el ámbito obrero del sufrimiento en el trabajo y del "miedo" (al desempleo, a la desclasificación, al futuro…). Por otro lado, porque los buenos resultados electorales del FN lo legitiman ampliamente, y acaba siendo, en consecuencia, un racismo abierto, declarado, hasta exhibido. Se alimenta también de los acontecimientos de Oriente Próximo, cuyas repercusiones alcanzan inmediatamente la vida de los barrios conflictivos. Son unas cuestiones muy complejas que merecen un estudio etnográfico detallado y deben analizarse también a la luz de un doble proceso: el de la "transferencia de memoria" y de lo que no se quiere pensar de la cuestión colonial en la sociedad francesa y el de las formas concretas del racismo antimagrebí y del contrarracismo que ha suscitado como reacción desde hace veinte años.

Otro punto digno de atención es la fuerte atracción del voto FN entre la juventud popular (en la segunda vuelta de las elecciones de abril de 2002, 21% de los votantes de 18-24 años y 22% de los de 25-34 años). Para entender ese voto, creemos que conviene evocar cuestiones de socialización escolar y residencial. Esos jóvenes, votantes del FN, suelen ser los que han pasado por las trayectorias de relegación a la enseñanza de IEP y que se han visto confrontados a los jóvenes de los barrios conflictivos "que van en pandillas y tienen a su favor la fuerza del número". Se han sentido en minoría y han sido a veces atracados o agredidos. Son esto los que, una vez adultos –obreros precarios o parados–, se encuentran en competencia con los jóvenes de barrios conflictivos; algunos tienden quizá a vengarse, con un voto cada vez más abierto al FN, de las humillaciones sufridas en la escuela y en el espacio público. Eso explica tal vez el incremento del voto al FN entre esos jóvenes; unos jóvenes que han crecido en urbanizaciones, en un momento en el que se dan cuenta también de que la huida de las viviendas sociales y la salvación residencial a través del acceso a un chalé no significan una ruptura total con los problemas de los barrios conflictivos periféricos[42].

¿Por qué se puede hablar ahora, sin apenas tapujos, del racismo en los ambientes populares? Existe, por supuesto, el racismo ideológico de la extrema derecha nacionalista, pero eso es harina de otro costal y no nos proponemos abordarlo aquí. Pensamos que debemos recordar una vez más lo que ha ocurrido durante las últimas dos décadas en la escuela y en la relación entre enseñantes y obreros. Lo que más nos llama la atención es la distancia que se ha ido creando entre ambos universos. Muchos profesores ignoran por completo la transformación del trabajo en las fábricas, tienen una concepción totalmente errónea de la vida obrera; son cada vez más numerosos los que parecen distanciarse de la misión emancipadora que consideraban suya globalmente; en las escuelas conflictivas, algunos llegan incluso a mantener un discurso bastante reaccionario (véase el desplazamiento sensible hacia la derecha del voto de los enseñantes en la primera vuelta de las elecciones presidenciales). Por otra parte, los obreros entrevistados en nuestras distintas encuestas tienden a tener un percepción cada vez más negativa de ellos, los ven como "pequeños

---

42   Más aún teniendo en cuenta que el acceso a la propiedad y la urbanización en la periferia de las ciudades se difunde cada vez más entre las familias inmigrantes que desean escapar de los barrios conflictivos. Justo después de las elecciones de abril de 2002, los geógrafos detectaron un fuerte incremento del voto al FN en las zonas urbanas periféricas del "tercer cinturón" parisino (Oise, Eure-et-Loir...). Esos habitantes se dan cuenta ahora del coste económico y social del acceso a la propiedad y se dan cuenta de que no por ello se han librado de los problemas sociales que habían querido evitar al abandonar el extrarradio.

burgueses" instalados en su historia y su confort material, indiferentes a la suerte de los más desfavorecidos, y que tienen una tendencia nefasta a querer a veces sermonearles. Se juega algo fundamental en esa relación enseñanza/obreros, ya que la decepción vinculada a la escuela, las desilusiones provocadas por los errores de la política, en el caso del 80% de los alumnos de bachillerato, han despertado una profunda desconfianza hacia los ideales de izquierda; los enseñantes ya no se consideran como guías naturales, intermediarios culturales encargados de la transmisión de una cultura moral o política a los jóvenes de las clases populares.

Conclusiones

El grupo obrero es un grupo social que está de capa caída y cuyos miembros, de modo individual y colectivo, tienen la sensación de haber sido víctimas, y a veces también "cornudos", de la historia reciente. Ahora bien, aunque muchos obreros votantes del FN se consideren, pese a todo, de "izquierda", han sentido el peso de esa decepción y, en el caso de los más comprometidos (algunos son militantes), un sentimiento muy fuerte de "traición". Conviene por tanto poner de relieve el decorado en el que se instala el voto obrero hacia los extremos: la formidable desestabilización de las antiguas identidades obreras. En resumidas cuentas, los acontecimientos que van desarrollándose en el escenario político desde hace veinte años no son sino una nueva traducción de ese proceso central consistente, para los obreros, en la pérdida del apoyo de la "clase" que les brindaba protecciones sociales así como una fuerte identificación. Hoy en día, esas lógicas y esos modelos de identificación se han roto. Presenciamos incluso una confusión total de las oposiciones que estructuraban el mundo obrero; la más fuerte era la que separaba, objetivamente, a los obreros cualificados de los no cualificados (registrada a través del derecho de los convenios colectivos en 1945 y, más adelante, de la estadística pública y del primer código de las Clasificaciones Socioprofesionales en 1954). Cuando las fuerzas sociales de identificación al grupo (los militantes en la fábrica, los representantes de las asociaciones en la esfera fuera de la fábrica, los miembros elegidos del PCF) y el grupo obrero, diseminado en el espacio geográfico, empezaron a codearse con el mundo de las clases medias en las zonas residenciales, un número cada vez mayor de obreros fue identificándose socialmente a través del consumo (la casa, el coche, las vacaciones, las marcas, etc.) y comenzaron a obsesionarse por la desclasificación social (véase, entre otras cosas, el miedo a caer de nuevo en el subproletariado). Está claro que esos procesos de desestructuración del grupo obrero, y de modo más general de las clases populares, constituyen unos fenómenos de gran alcance. Una simple concienciación no bastará para reducir su impacto, ni menos aún sermones. Se trata, hoy por hoy, de reducir la diferencia o restablecer puentes de comunicación entre las fracciones progresistas de las clases medias y las clases populares, reduciendo, entre otras cosas, los diferenciales salariales entre cuadros y asalariados de ejecución, protegiendo al mundo laboral contra los efectos de implosión de las nuevas formas de capitalismo salvaje, restituyendo a la escuela su poder de emancipación y, ¿por qué no?, devolviendo a la televisión pública el papel de maestro cultural de la nación que tuvo a veces, creando nuevas condiciones de encuentro entre intelectuales y clases populares en los barrios obreros, basadas en el modelo de las universidades populares, etcétera.

9 788415 295235